Titel der französischen Ausgabe:
Les activités Fleurus. Scoubidous folies
Fotos: Olivier d'Huissier
Illustrationen: Laurent Blondel
Redaktion und Produktion der deutschen Ausgabe:
akapit Verlagsservice, Berlin – Saarbrücken
Übersetzung aus dem Französischen:
Dagmar Mallett (für akapit Verlagsservice)

ISBN 3-89717-296-8
Printed in Belgium

10 9 8 7 6 5 4 3 2 1

FLEURUS KREATIV

LUSTIGE
SCOUBIDOUS

Francine Fittes

FLEURUS VERLAG

Tipps und Materialien

Schnüre für Scoubidous

Die Plastikschnüre gibt es in drei Ausführungen: flach, rund und hohl sowie rund und gefüllt. Sie sind 90 cm lang. Mit allen Sorten kannst du die klassischen Scoubidous knüpfen.

Meistens brauchst du 45 cm lange Schnüre: Je nach Befestigungsart knickst oder schneidest du die Schnüre also auf die Hälfte.

Manchmal müssen die Plastikschnüre steif sein. Nimm dafür hohle Schnüre und stecke Blumendrähte hindurch.

Weiteres Material

- **Schere**
- **Alleskleber**
- **Blumendraht (ca. 0,7 mm dick)**
- **1 stumpfe Bastelschere**
- **1 Bleistift**
- **1 Holzlöffel oder 1 dicker Filzstift**
- **Zahnstocher und 1 Holzspieß**

Achtung!
Schneide den Blumendraht sehr vorsichtig mit einer **stumpfen** Schere!

So fängst du an

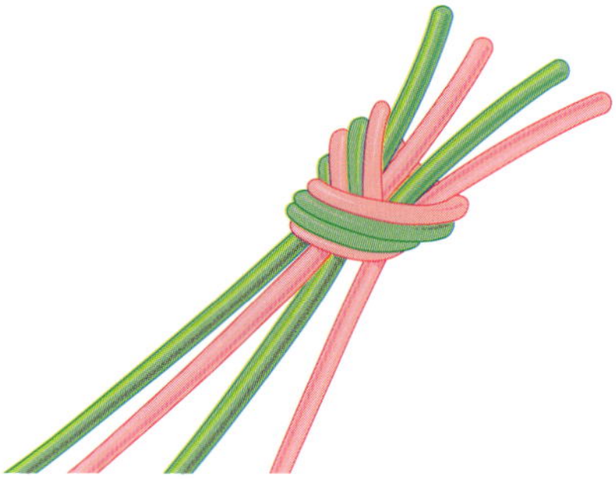

Einfacher Knoten

Meistens brauchst du 45 cm lange Plastikschnüre, die du an einem Ende zusammenknotest.

Versteckter Knoten

Lege 2 je 90 cm lange Schnüre in der Mitte übereinander und knote die eine Schnur um die andere. Scoubidous aus 6 und mehr Schnüren bindest du mit einer der Schnüre in der Mitte zusammen.

Schlaufen

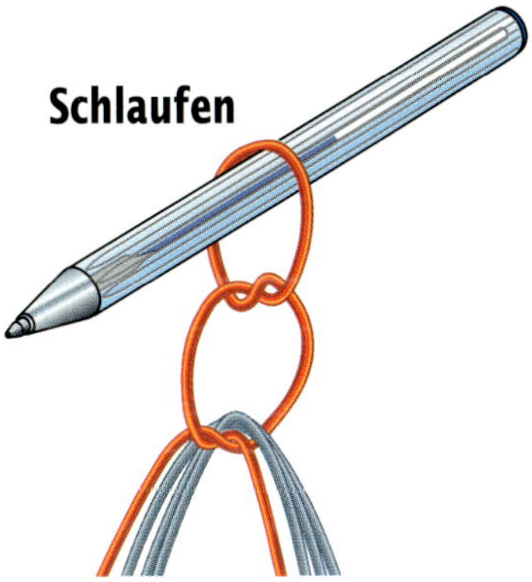

Einfache Schlaufe: Knote eine Schnur um einen dicken Stift. Knüpfe noch einen lockeren Knoten. Hänge die zweite Schnur sowie die weiteren Schnüre in die erste Schlaufe und ziehe sie fest. Nimm den Stift nach einigen Maschen heraus.

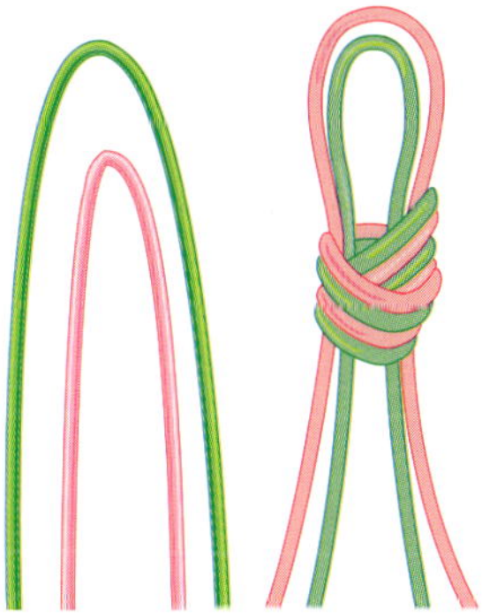

Doppelte Schlaufe: Knicke für ein Band aus 4 Schnüren 2 je 90 cm lange Schnüre auf die Hälfte um. Verknote beide gleichzeitig miteinander.

Hilfsknoten

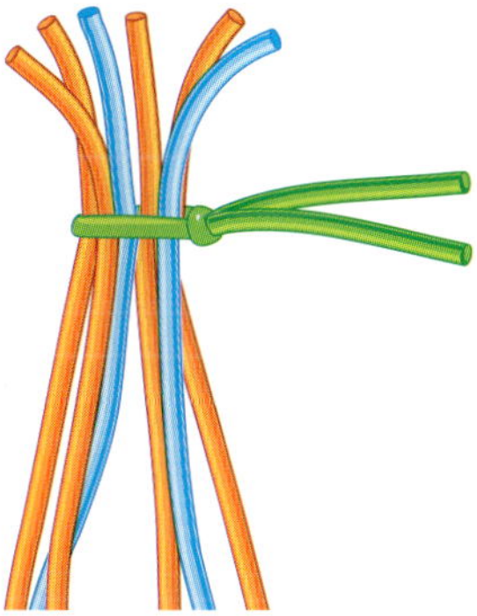

Binde die Schnüre mit einem Schnurstück zu einem Bund zusammen. Wenn das Band fertig ist, ziehe das Stück heraus und schneide die überstehenden Enden ab.

Fertigstellung

Einfacher Abschluss

Ziehe die Schnüre der letzten Masche fest zusammen und schneide sie bündig ab.

Runder Abschluss

Knote bei Scoubidous aus 4 Schnüren jeweils die 2 diagonal gegenüberliegenden Schnüre fest zusammen und schneide sie bündig ab. Bei Scoubidous aus 6 Schnüren verknotest du erst diagonal die mittleren 4 und dann die anderen 2 Schnüre.

Verstärkungen

Eine Schnur verstärken

Schiebe ein Stück Blumendraht in eine hohle Plastikschnur.

Ein Scoubidou verstärken

Stecke einen Blumendraht durch den Anfangsknoten, bevor du ihn zusammenziehst. Lasse 1 bis 2 cm überstehen. Flechte das Scoubidou um den Draht herum. Umwickle die Drahtenden mit Klebestreifen, damit du dich nicht verletzt.

Tipps und Materialien

Weitere Techniken

Eingangsloch

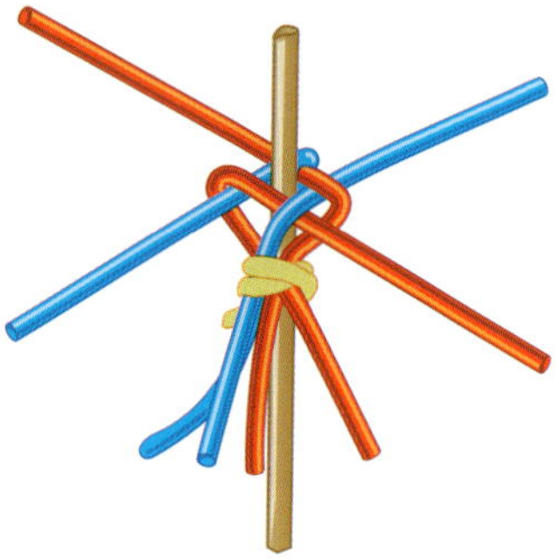

Mit einem Eingangsloch wird die spätere Verstärkung durch Metallstifte oder Drähte einfacher. Beginne mit einem Hilfsknoten: Knüpfe die ersten 2 bis 3 Maschen um einen Zahnstocher herum, von dem du die Spitzen abgeschnitten hast.

Lockere Maschen

Durch lockere Maschen kannst du Zwischenstücke im Scoubidou einsetzen. Je nachdem, wie groß du die Maschen haben möchtest, kannst du einen Bleistift, den Stiel eines Holzlöffels, einen dicken Filzstift usw. verwenden. Lege den Stift auf das Scoubidou und knüpfe die nächsten 2 Maschen. Dann ziehst du ihn wieder heraus.

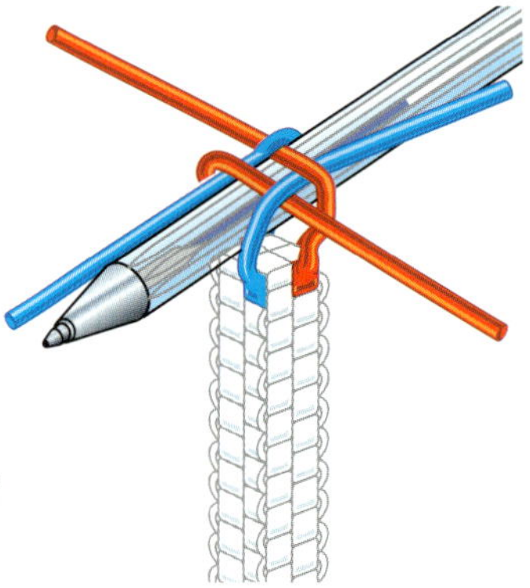

Löcher

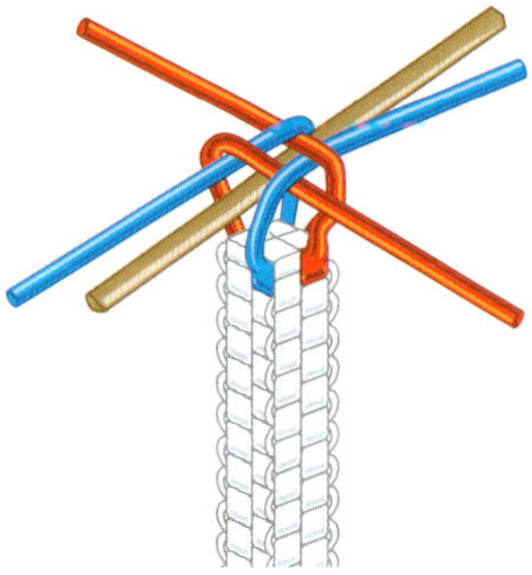

Nimm einen Zahnstocher mit abgeschnittenen Spitzen und setze ihn wie die Stifte bei den lockeren Maschen ein. So entstehen Löcher, durch die das Scoubidou lockerer wird.

Verengungen

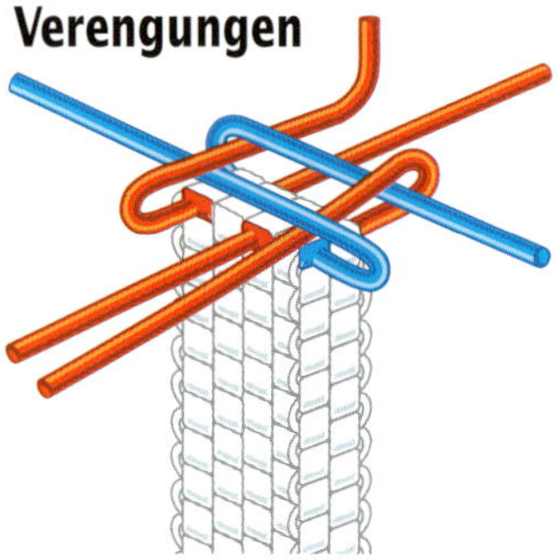

Schneide 2 Schnüre kurz ab und flechte nur mit den restlichen Schnüren weiter.

Verbreiterungen

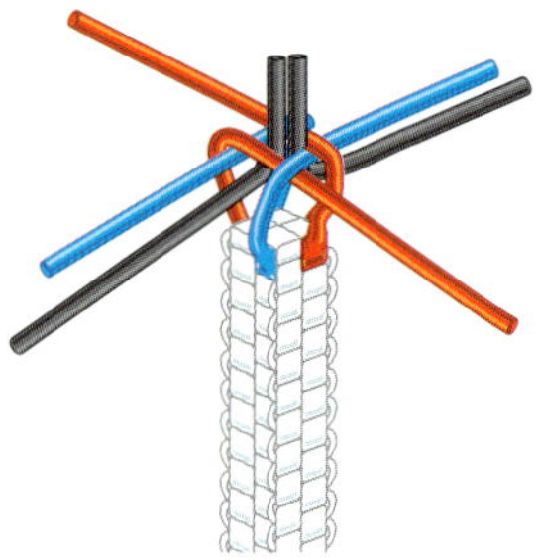

Bevor du die nächste Masche festziehst, steckst du die neuen Schnüre unter die Schlaufen und lässt in der Mitte etwa 2 cm überstehen. Flechte 2 oder 3 Maschen um sie herum und schneide sie bündig ab. Flechte normal weiter.

Kleben
Dein Universalkleber muss lösungsmittelfrei sein. Befestige die geklebten Teile mit einer Wäscheklammer oder einem Gummiband, bis sie ganz getrocknet sind.

Klassische Scoubidous

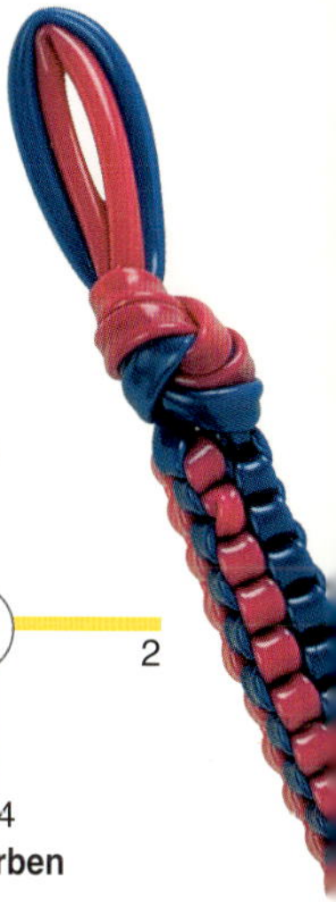

Rund (3 Schnüre)

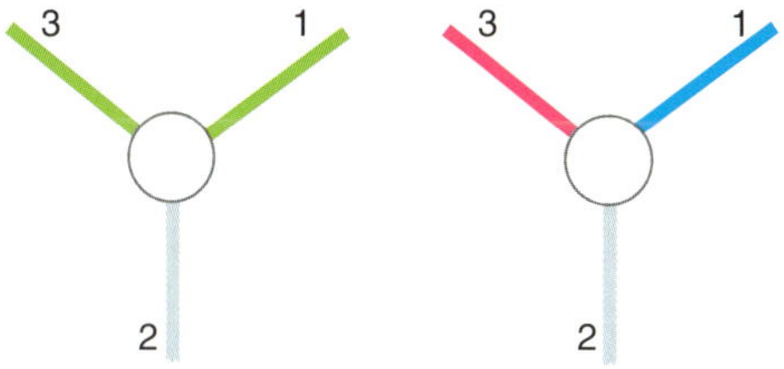

mit 2 Farben

mit 3 Farben

1 Knüpfe aus 45 cm langen Schnüren einen einfachen Knoten und halte sie dann wie abgebildet auseinander.

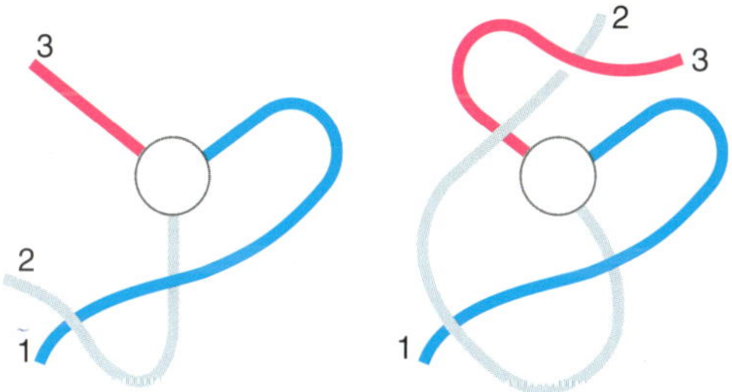

2 Stecke Schnur 1 unter Schnur 2 durch und lasse sie hängen. Stecke Schnur 2 unter Schnur 3 durch und lasse sie hängen.

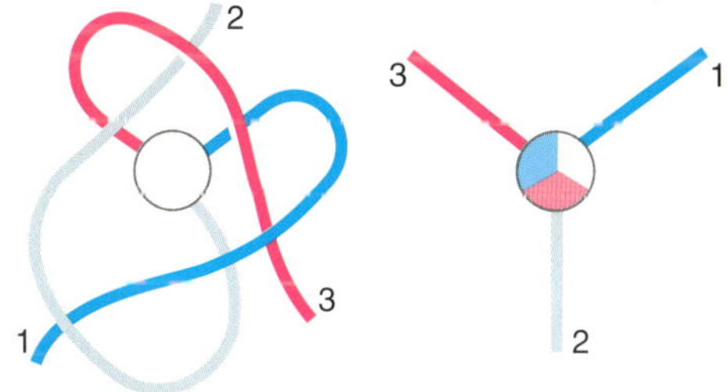

3 Stecke Schnur 3 durch die Schlaufe von Schnur 1. Ziehe die erste Masche fest. Halte die Schnüre wieder wie am Anfang. Wiederhole die Schritte 1 und 2 bis zur gewünschten Länge.

Eckig (4 Schnüre)

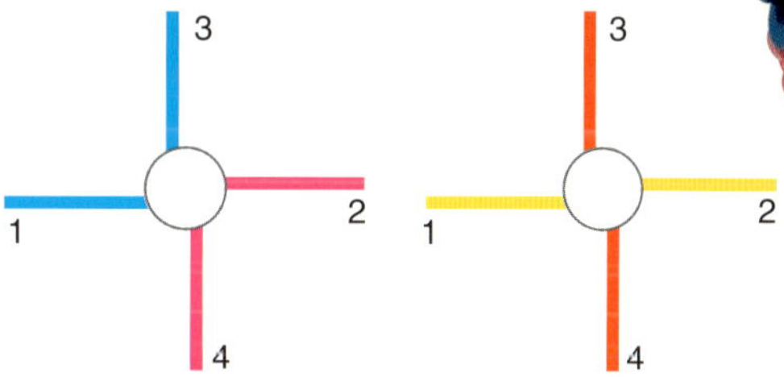

abwechselnde Farben

mit 2 Farben

1 Mache aus 2 je 90 cm langen Schnüren eine Schlaufe oder einen versteckten Knoten. Halte die Schnüre wie abgebildet.

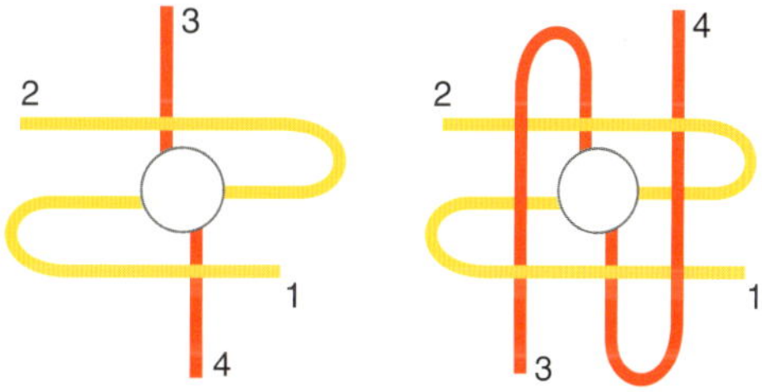

2 Lege aus 2 gegenüberliegenden Schnüren 2 Schlaufen. Stecke die anderen Schnüre in die Schlaufen.

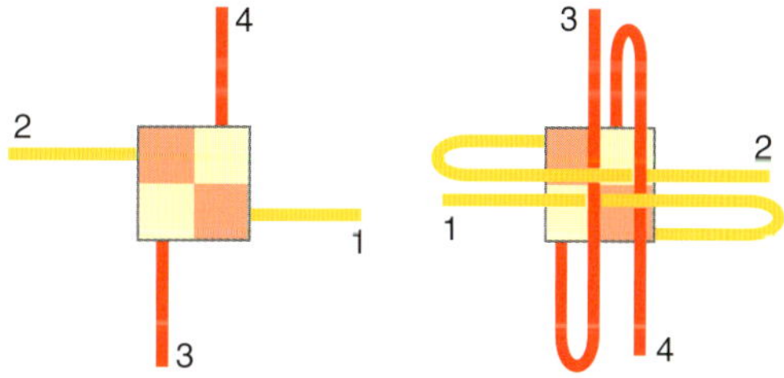

3 Ziehe diese erste Masche fest. Wiederhole die Schritte 1 und 2 bis zur gewünschten Länge.

Klassische Scoubidous

Rund (4 Schnüre)

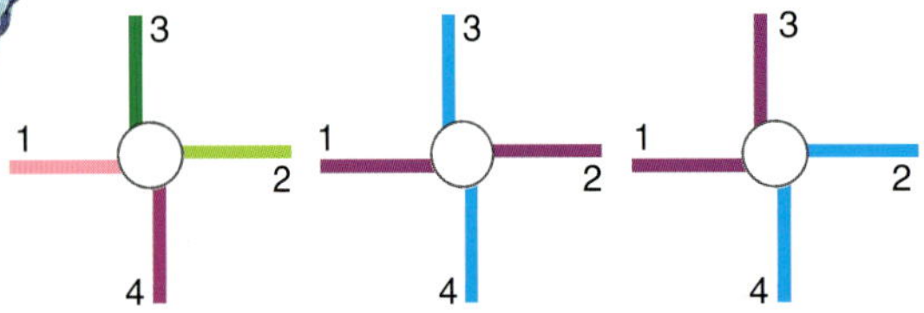

Zackenmuster

schräge Streifen

Stufenmuster

1 Je nach Anzahl der Farben und Art des Knotens nimm 2 je 90 cm lange, auf die Hälfte geknickte Schnüre oder 4 je 45 cm lange Schnüre. Halte sie wie abgebildet.

2 Knüpfe die erste Masche wie beim eckigen Scoubidou und ziehe sie fest.

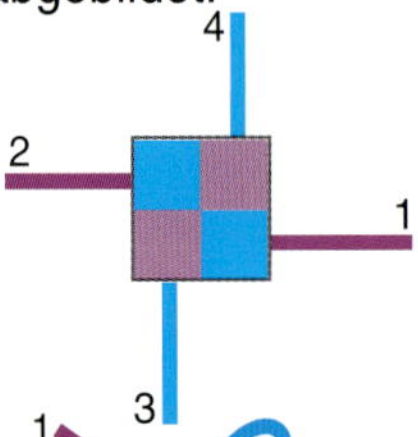

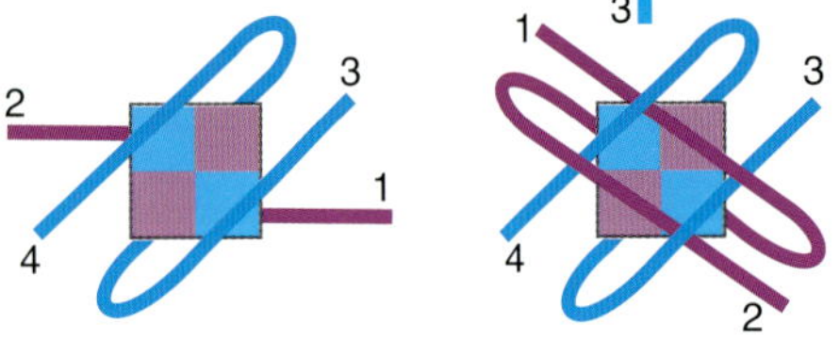

3 Halte 2 diagonale Schnüre wie abgebildet und knüpfe die nächste Masche.

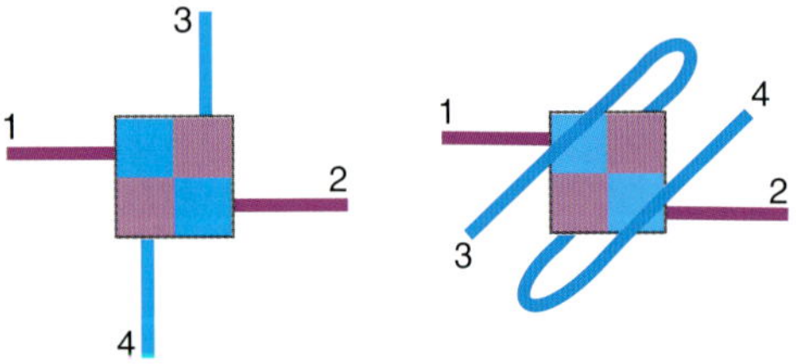

4 Ziehe sie fest und knüpfe weiter, bis dein Scoubidou die gewünschte Länge hat.

Rechteckig (6 oder 8 Schnüre)

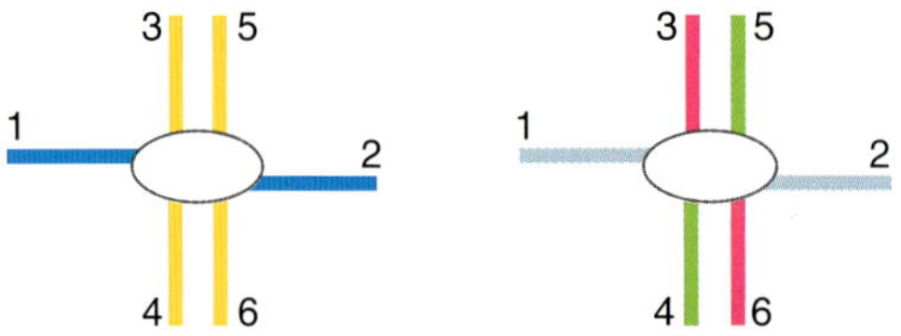

einfarbige Seiten und Abschnitte mit 6 Schnüren

Längsstreifen mit 6 Schnüren

1 Nimm 3 oder 4 je 90 cm lange Schnüre. Fange mit einem versteckten Knoten an und halte die Schnüre wie abgebildet.

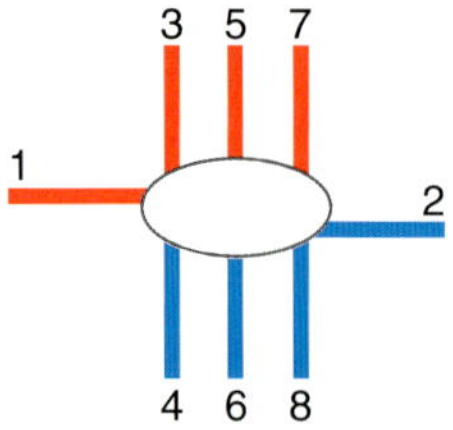

Streifen mit 8 Schnüren

2 Mit den Schnüren 1 und 2 legst du 2 Schlaufen über den Knoten.

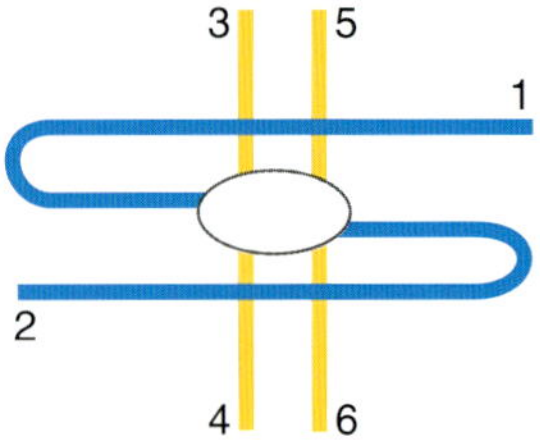

3 Die 4 oder 6 anderen Schnüre legst du wie abgebildet zu einem Geflecht.

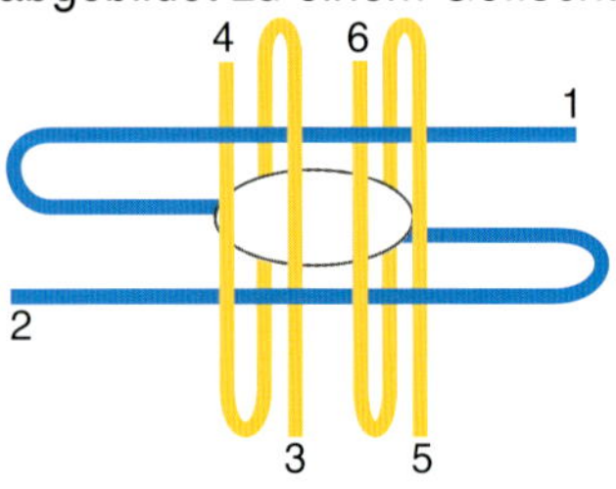

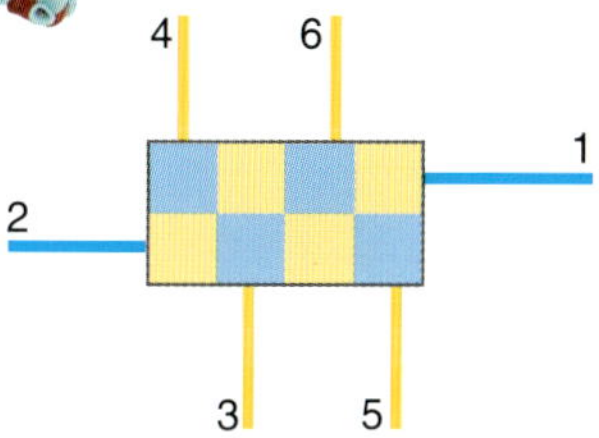

4 Ziehe die Schnüre fest zusammen. Du erhältst nun ein Rechteck aus 8 kleinen Quadraten mit 6 Schnüren oder aus 12 Quadraten mit 8 Schnüren.

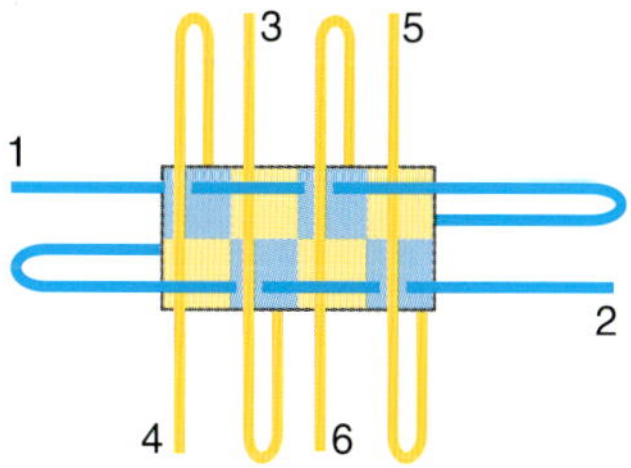

5 Binde nun wieder 2 Schlaufen mit den Schnüren 1 und 2. Lege die anderen zu einem Geflecht. Ziehe sie fest. Knüpfe weiter bis zur gewünschten Länge.

Spirale (6 Schnüre)

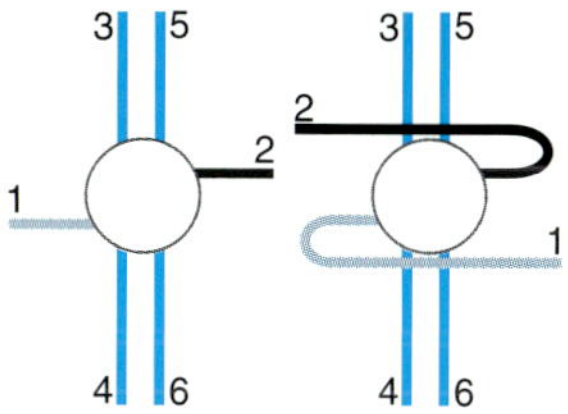

1 Verknote 1 schwarze und 1 weiße Schnur. Befestige 2 blaue Schnüre in der Mitte wie bei der einfachen Schlaufe. Lege die Schnüre dann wie abgebildet.

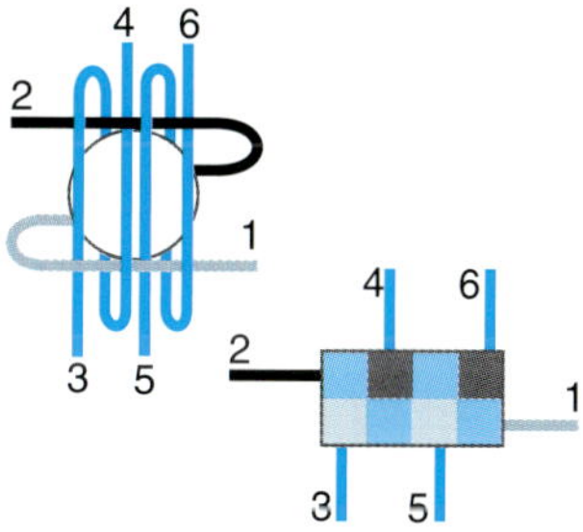

2 Die erste Knüpfung ist wie beim rechteckigen Scoubidou (Schritte 2, 3, 4).

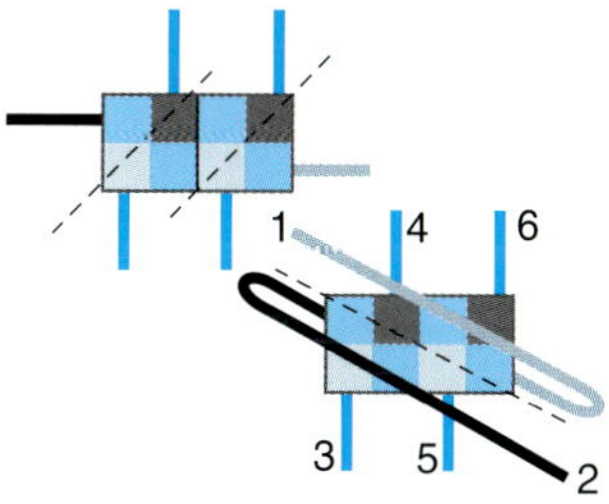

3 Zweite Knüpfung: Teile das Geflecht in 2 Quadrate ein, die aus je 4 kleinen Quadraten bestehen. Lege die Schnüre 1 und 2 in die Diagonale des Rechtecks.

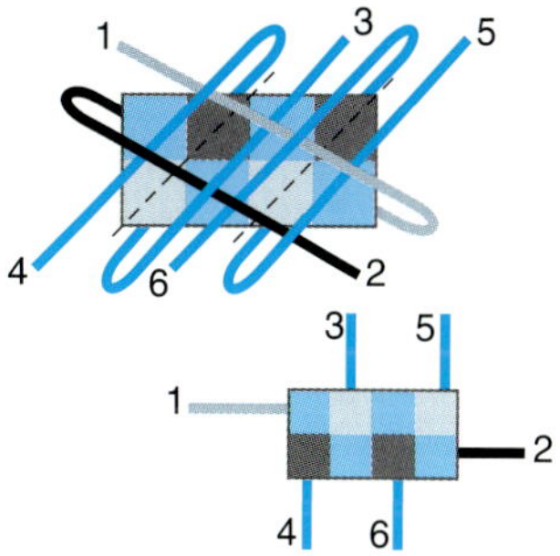

4 Verknüpfe die anderen Schnüre paarweise zur Diagonale jedes Quadrats des Geflechts. Ziehe die Schnüre fest.

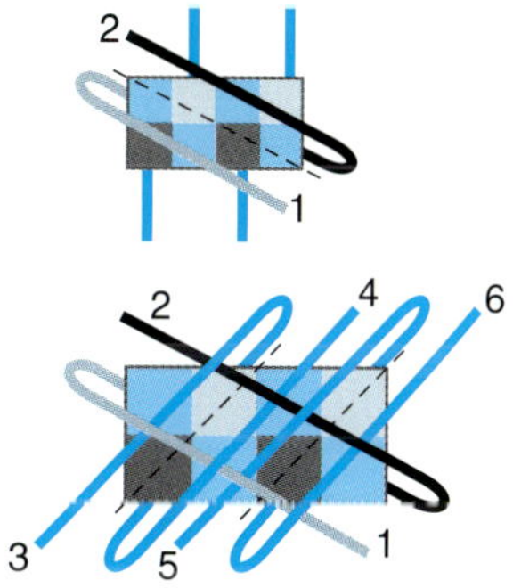

5 Dritte Knüpfung: Lege die Schnüre 1 und 2 wieder in die Diagonale des Rechtecks, wie abgebildet. Verknüpfe die anderen Schnüre paarweise mit den Diagonalen.

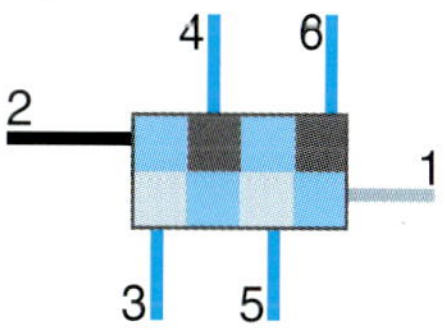

6 Ziehe die Schnüre fest. Jetzt liegen sie wieder in ihrer Anfangsposition. Wiederhole die zweite und dritte Knüpfung bis zur gewünschten Länge.

Klassische Scoubidous

Spirale (8 oder 10 Schnüre)

Das Prinzip ist das Gleiche wie bei der Spirale mit 6 Schnüren.

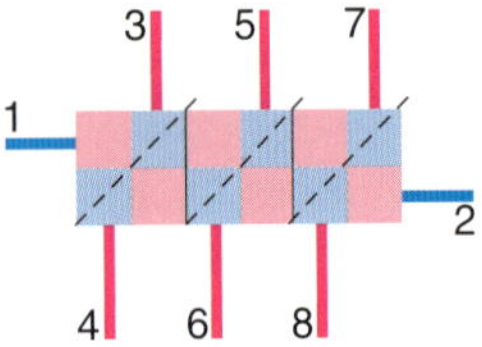

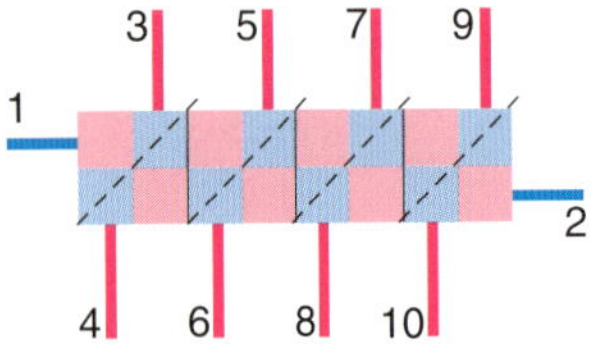

Das Geflecht besteht bei einer Spirale aus 8 Schnüren aus 3 Quadraten. Bei einer Spirale aus 10 Schnüren besteht es aus 4 Quadraten.

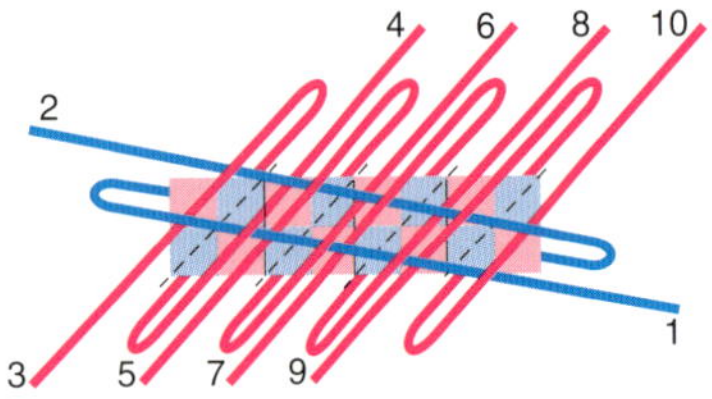

Du legst die Schnüre 1 und 2 in die Diagonale des Rechtecks, dann webst du die anderen Schnüre paarweise diagonal zu jedem Quadrat.

Quadratisch (8 Schnüre)

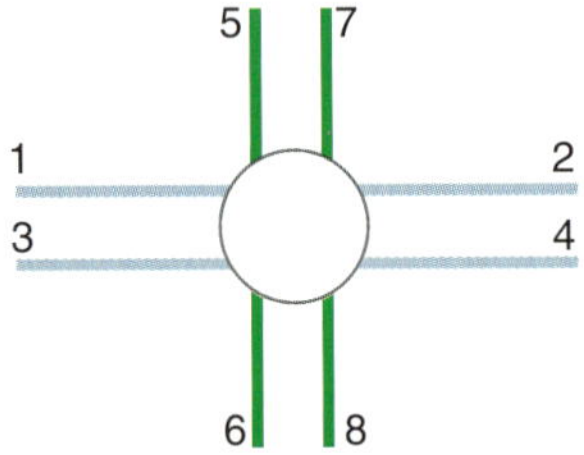

1 Wie bei einem zweifarbigen Band nimmst du von 2 Farben 2 je 90 cm lange Schnüre. Beginne mit einer Schlaufe oder mit einem versteckten Knoten. Lege die Schnüre wie abgebildet zurecht.

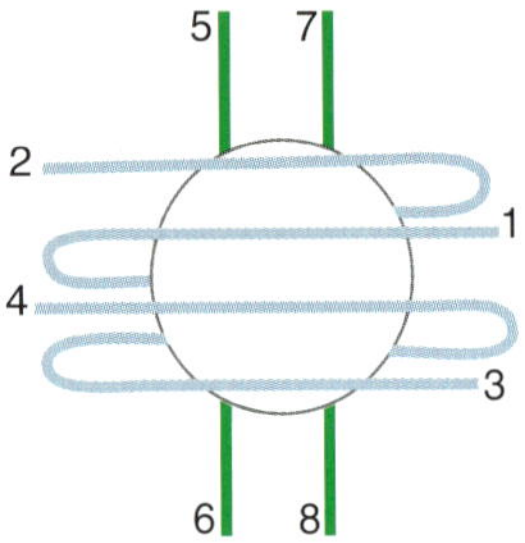

2 Bilde 4 Schlaufen mit den Schnüren 1, 2, 3 und 4.

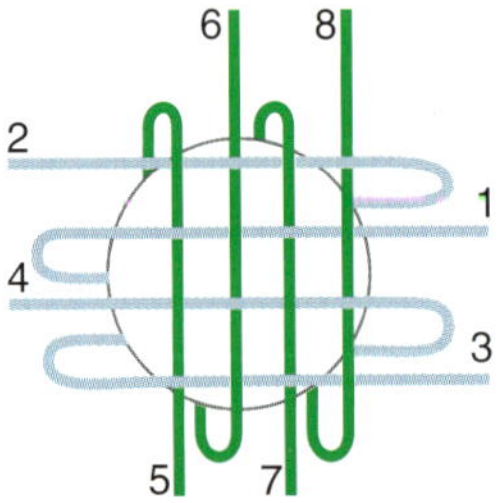

3 Verwebe die Schnüre 5, 6, 7 und 8 wie abgebildet. Ziehe sie nacheinander fest.

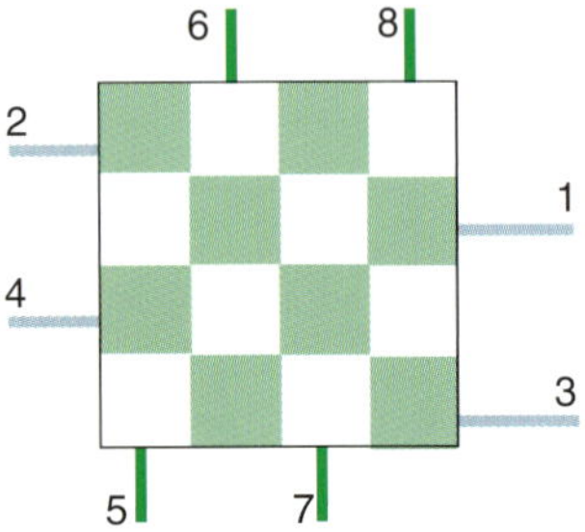

4 Achte beim Zusammenziehen der Schnüre darauf, dass du ein Schachbrettmuster aus 16 kleinen Quadraten erhältst.

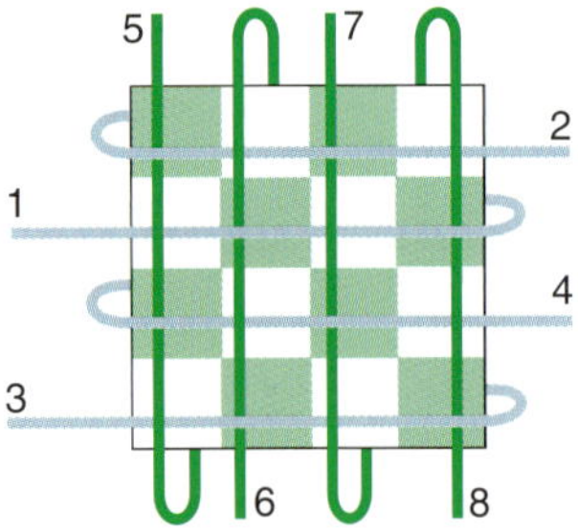

5 Lege mit den Schnüren 1, 2, 3 und 4 wieder 4 Schlaufen. Ziehe die anderen Schnüre wie abgebildet hindurch und dann fest. Fange wieder bei Schritt 2 an und knüpfe weiter bis zur gewünschten Länge.

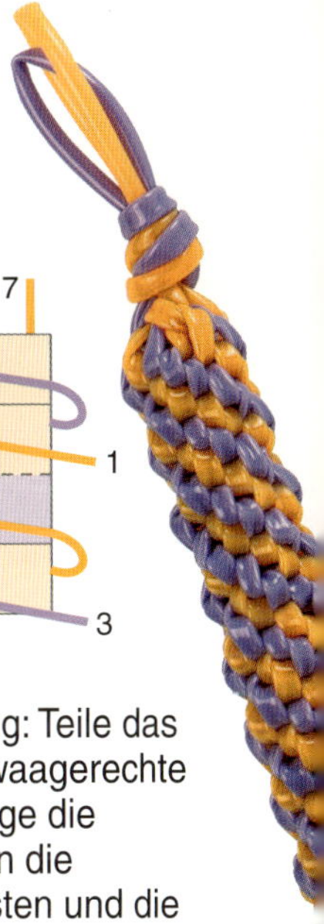

Rund (8 Schnüre)

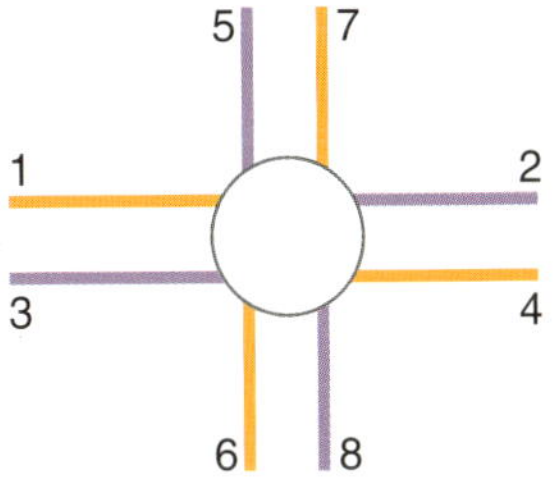

1 Für ein zweifarbiges Scoubidou nimmst von 2 Farben 2 je 90 cm lange Schnüre. Beginne mit einer Schlaufe oder einem versteckten Knoten. Halte die Schnüre wie abgebildet.

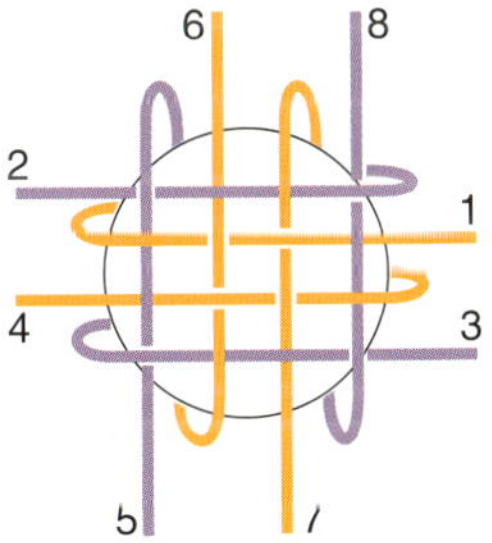

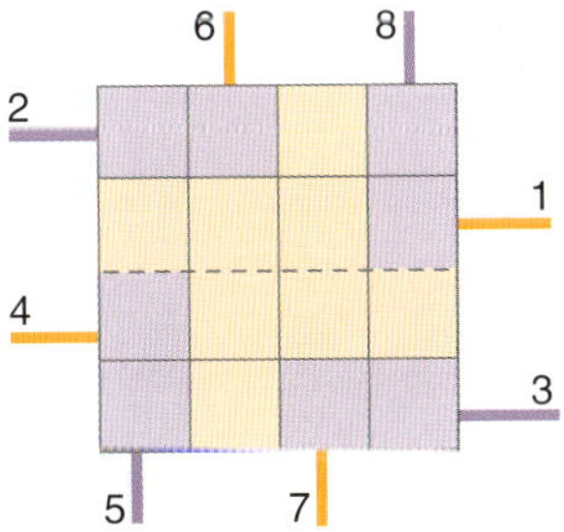

2 Erste Knüpfung: Knüpfe wie beim quadratischen Scoubidou mit 8 Schnüren (Schritte 2, 3, 4).

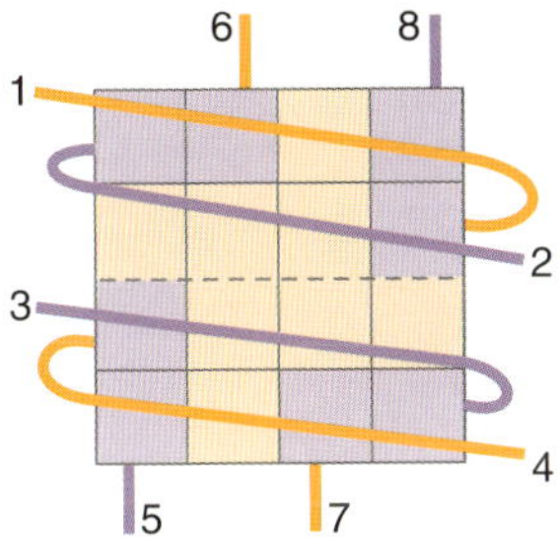

3 Zweite Knüpfung: Teile das Geflecht in 2 waagerechte Rechtecke ein. Lege die Schnüre 1 und 2 in die Diagonale des ersten und die Schnüre 3 und 4 in die Diagonale des zweiten Rechtecks.

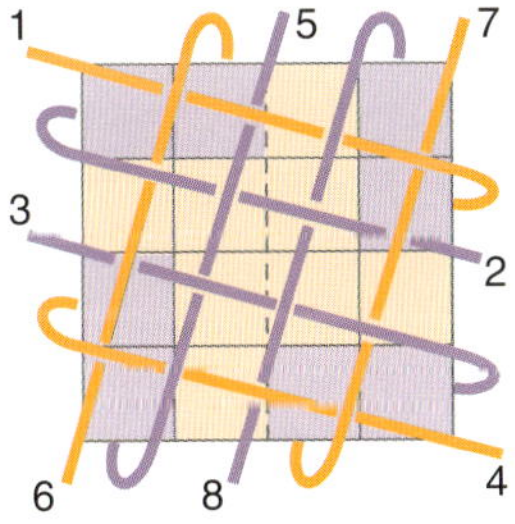

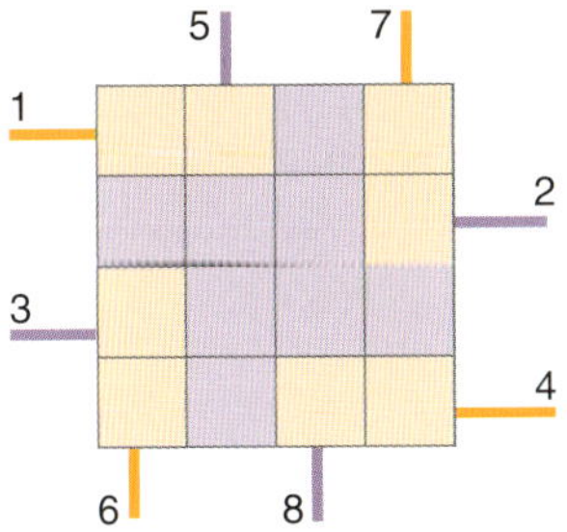

4 Teile das Geflecht in 2 senkrechte Rechtecke ein. Verwebe die Schnüre 5 und 6 diagonal zum linken, die Schnüre 7 und 8 diagonal zum rechten Rechteck.

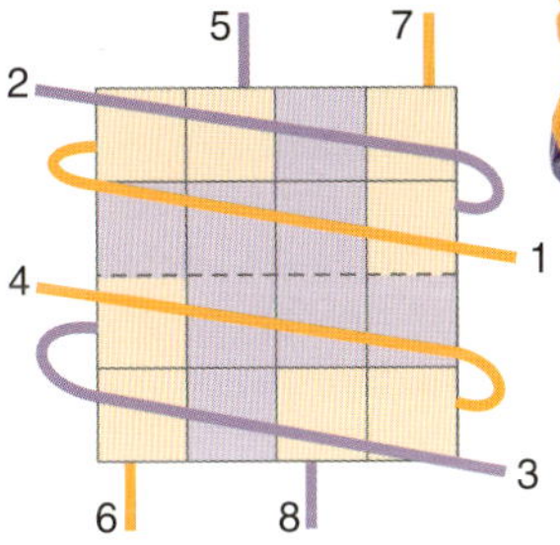

5 Dritte Knüpfung: Teile das Geflecht in 2 waagerechte Rechtecke ein. Lege die Schnüre 1 und 2 in die Diagonale des ersten und die Schnüre 3 und 4 in die Diagonale des zweiten Rechtecks.

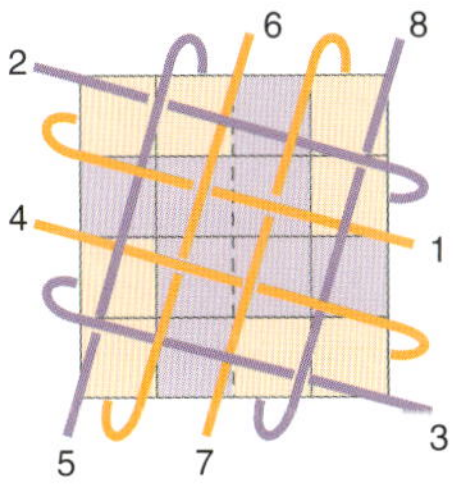

6 Teile das Geflecht in 2 senkrechte Rechtecke ein. Verwebe die Schnüre 5 und 6 diagonal zum linken, die Schnüre 7 und 8 diagonal zum rechten Rechteck.

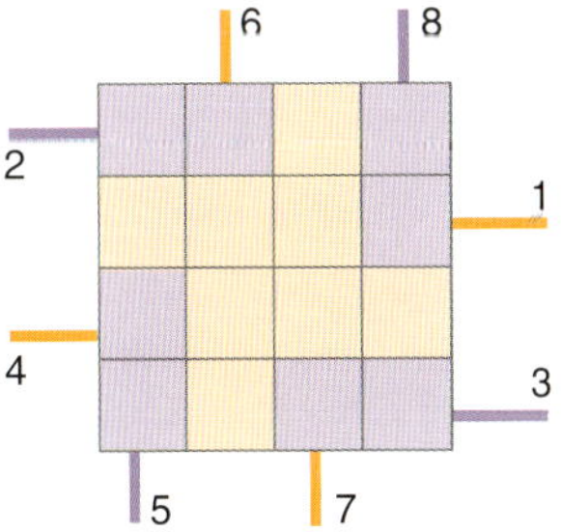

7 Ziehe die Fäden fest. Wiederhole die zweite und dritte Knüpfung bis zur gewünschten Länge.

Tischdekoration

Material

- 4 Plastikschnüre (90 cm) in einer Farbe oder in 4 verschiedenen Farben
- 2 Holzperlen (10 mm)
- Reste von Moosgummi
- Bleistift
- Schere
- Klebstoff

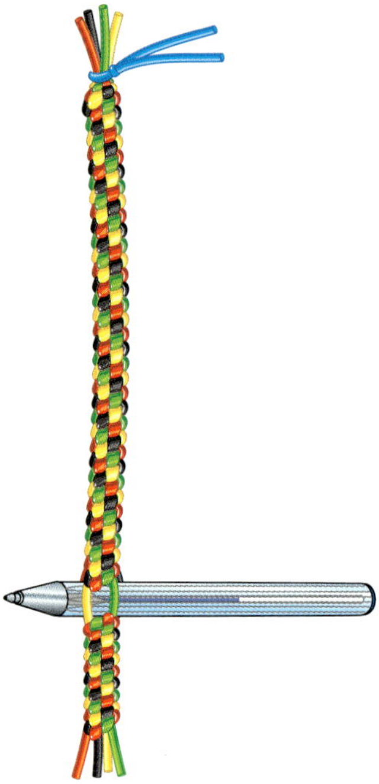

1 Binde die 4 Schnüre 1,5 cm vom Ende entfernt mit einem Hilfsknoten zusammen. Knüpfe erst ein rundes Scoubidou. Lege nach 17 cm eine lockere Masche um einen Bleistift herum (s. Seite 8). Knüpfe noch 2 cm normal weiter.

2 Entferne den Knoten. Stecke das längere Ende durch die lockere Masche zu einem Ring.

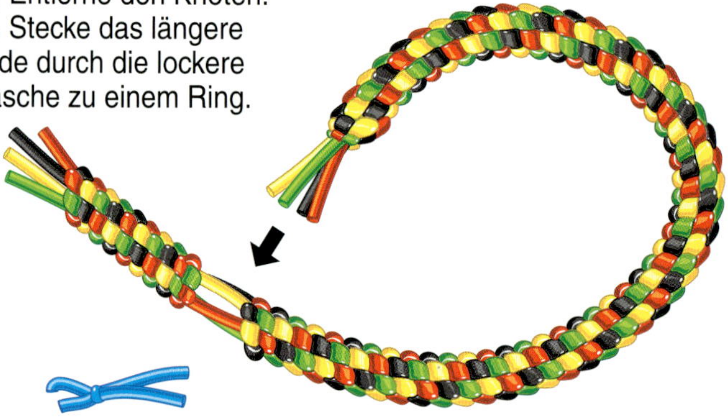

3 Behalte an jedem Ende 2 je 1,5 cm lange Schnurenden und schneide die anderen ab. Bestreiche die Schnurenden mit Klebstoff und stecke sie in die Perlen.

4 Schneide aus Moosgummi mithilfe der Vorlagen (s. Seite 45) den Kopf und einen Hut aus. Klebe beide auf einen Serviettenring. Schneide die Hände aus und klebe sie ebenfalls auf, damit du die Namensschilder hineinstecken kannst.

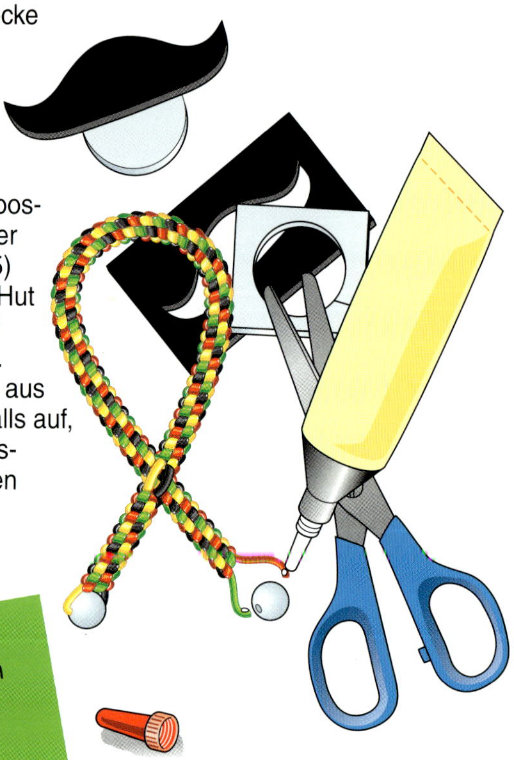

Tipp
Prüfe, ob die Löcher in den Perlen auch groß genug für deine Pastikschnüre sind.

Guten Appetit!

Magnetkraken

Material
- 6 Plastikschnüre (jeweils 45 cm): 4 in der Hauptfarbe und 2 in einer anderen Farbe
- Blumendraht
- Wackelaugen
- 1 runder Magnet
- Klebstoff
- Schere
- stumpfe Bastelschere
- Holzspieß oder Bleistift

1 Binde die 6 Schnüre 5 cm vom Ende entfernt mit einem Hilfsknoten zusammen. Knüpfe ein 2 cm langes rechteckiges Scoubidou. Teile die Schnüre in 2 gleich große Stränge. Knüpfe mit je 3 Schnüren 2 Scoubidous (5 cm lang).

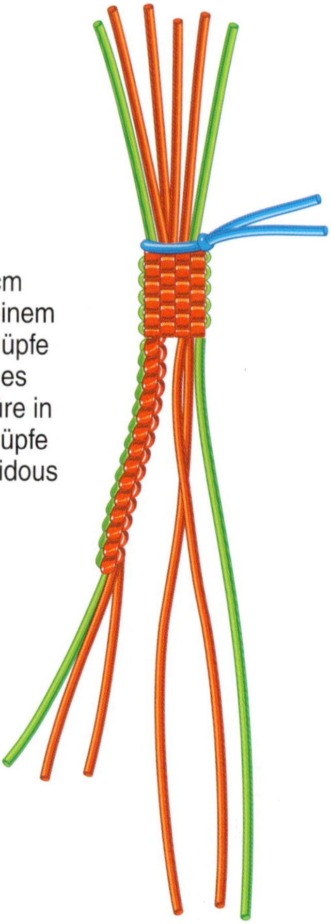

2 Schneide von jedem Scoubidou 2 Schnüre bündig ab. Verknote die beiden letzten Schnüre und entferne den Hilfsknoten.

Zöpfe
Flechte aus den Anfangsschnüren 2 Zöpfe und binde sie mit einem Schnurrest zu.

Fertigstellung
Klebe die Wackelaugen vorne auf und den Magneten auf die Rückseite.

Haarschopf
Verstärke die Schnüre (s. Seite 7) mit Draht. Knicke die Enden mit Hilfe eines Bleistifts um.

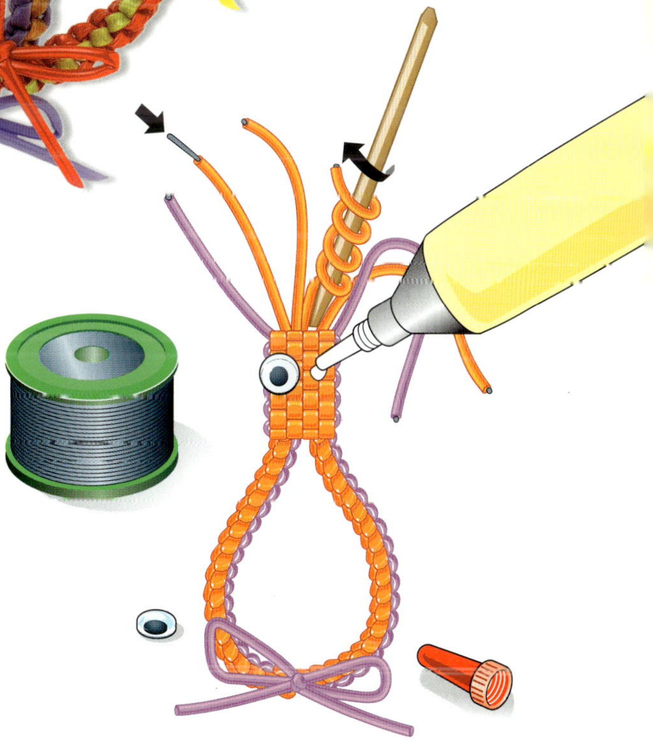

Löckchen
Verstärke die Schnüre mit Draht. Drehe Locken, indem du sie um einen Holzspieß wickelst.

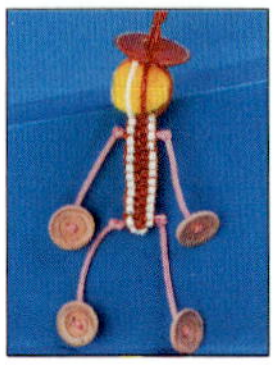

Kleine Männchen

Material

- 1 Pompon (20 mm)
- Filzstift und Schere

Orangefarbenes und grünes Männchen:

- Plastikschnüre (45 cm): 5 x orange, 2 x blau, 1 x grün

Rote Variante:

- Plastikschnüre: 1 x rot (90 cm), je 2 x rot und weiß (45 cm), 1 x rosa (45 cm),
- Knöpfe mit großen Löchern: 1 großer und 4 kleine

Rosafarbene Variante:

- Plastikschnüre: 1 x blau (90 cm), 4 x rosa (45 cm), 1 x violett (45 cm)
- 1 Glöckchen

2 Knüpfe 4,5 cm weiter. Lege dabei nach 1 cm und nach 4 cm je 1 Stück grüne Schnur quer in das Scoubidou. Runde das Ende ab (s. Seite 7). Schneide die Anfangsstücke bündig ab.

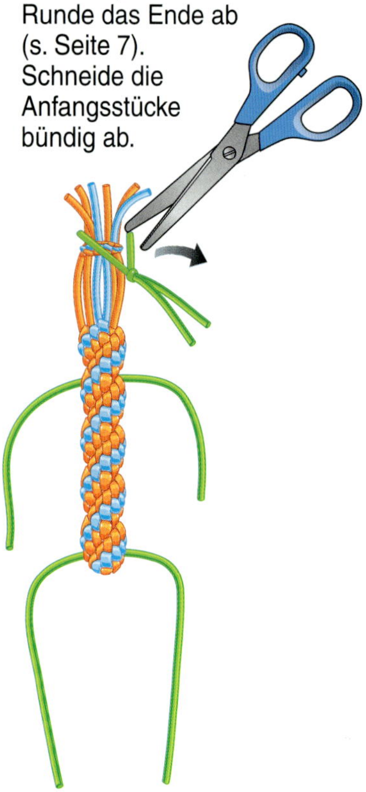

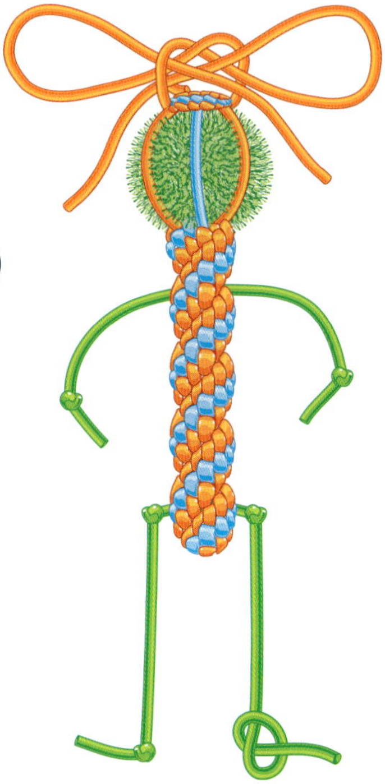

3 Ziehe die letzte orangefarbene Schnur durch die lockere Masche und stecke den Pompon hinein. Verknote die Schnur. Knüpfe Knoten für Hände und Füße in die grünen Arme und Beine. Schneide sie in passender Länge ab.

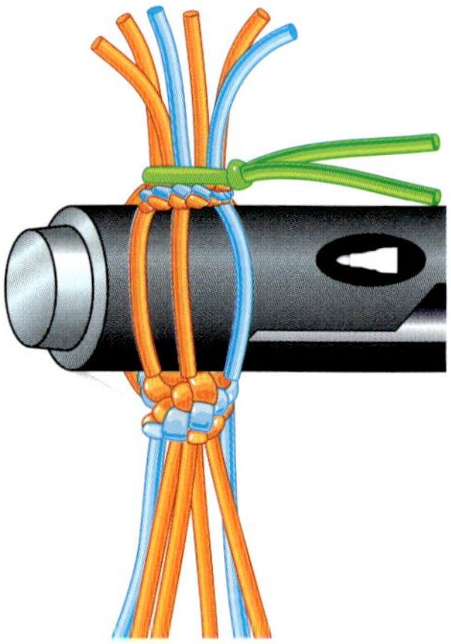

1 Binde 2 blaue und 4 orangefarbene Schnüre mit einem Hilfsknoten zusammen. Fange an wie bei der Spirale. Lege nach 2 Reihen eine lockere Masche (s. Seite 8) um einen Filzstift herum.

Abwandlungen

Knicke eine 90 cm lange Plastikschnur in der Mitte und stecke sie durch den Knopf oder das Glöckchen. Befestige die anderen Schnüre und knüpfe eine Spirale oder ein eckiges Band wie für die anderen Männchen.

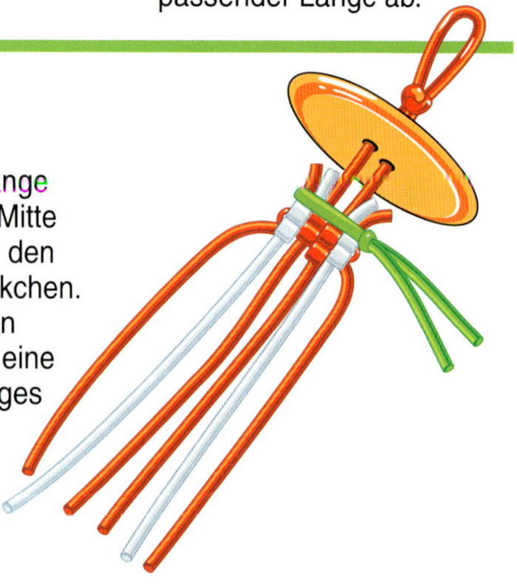

Lustige Gesichter

Material

- Plastikschnüre: 2 in verschiedenen Farben (90 cm), 2 für die Ohren (8 cm), 1 für die runde Brille (18 cm)
- Zahnstocher
- Blumendraht
- stumpfe Bastelschere
- weißer Tonkarton
- Wackelaugen
- Pailletten (Metallplättchen) oder Pompon (10 mm) nach Wunsch
- Klebstoff

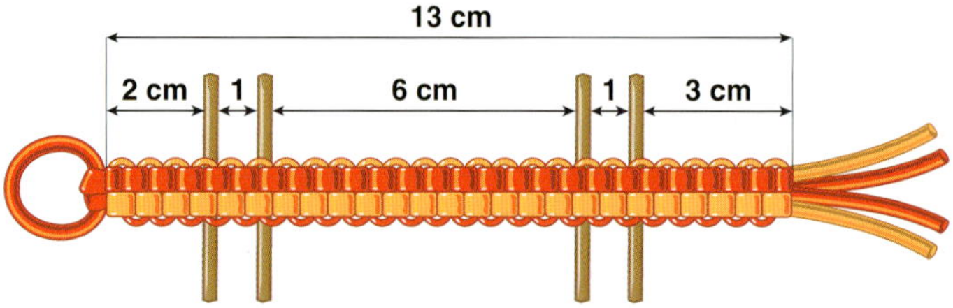

1 Forme aus der Mitte der 90 cm langen Schnüre eine einfache Schlaufe. Knüpfe aus diesen 4 Schnüren ein rundes oder eckiges Scoubidou. Mache das erste Loch nach 2 cm (s. Seite 8) und 3 weitere in den abgebildeten Abständen.

2 Nach 13 cm schneidest du 2 Schnüre bündig ab. Verknote die anderen, ziehe sie fest und lege eine Schlaufe.

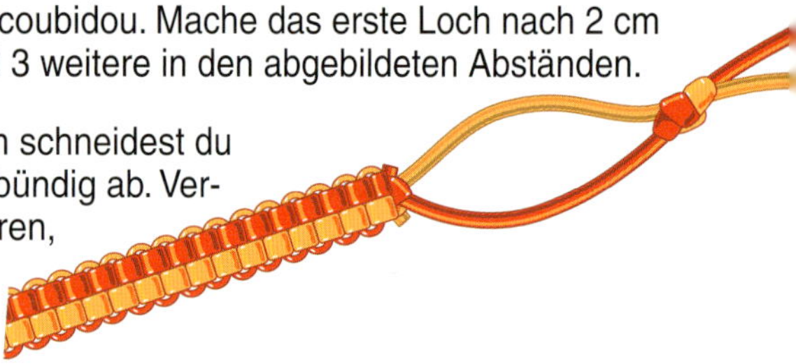

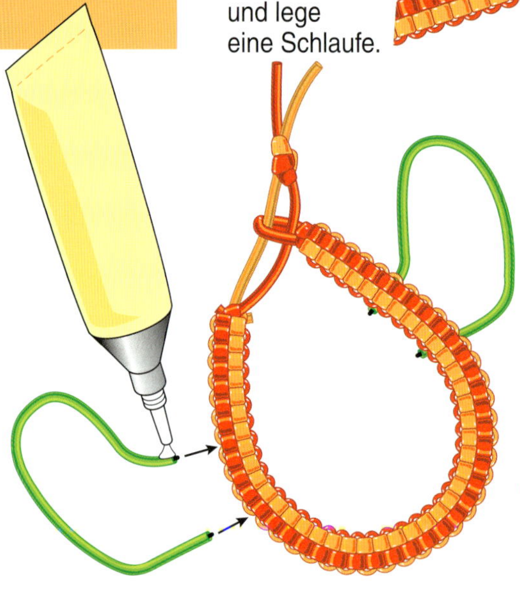

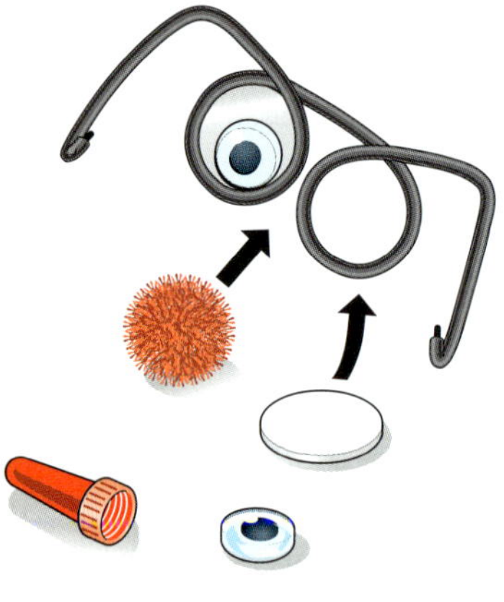

Tipp

Wenn die Schnüre zu kurz werden, arbeite wie bei der Verbreiterung auf Seite 8 neue Fäden zur Verlängerung ein.

3 Verstärke die Bänder für Ohren und Brille (s. Seite 7). Bestreiche die Ohren mit Klebstoff und stecke sie in die Löcher. Biege das Scoubidou um und stecke das Ende durch die Anfangsschlaufe.

4 Biege die Brille in die richtige Form. Klebe in jede Schlaufe einen Kreis aus Tonkarton und darauf die Wackelaugen. Befestige die Brille hinter den Ohren und klebe den Pompon als Nase zwischen die „Gläser“.

Eidechse Leckermaul

Material

- Plastikschnüre (90 cm): 4 x grün, 2 x gelb, 1 x rosa
- Blumendraht
- Zahnstocher
- Reste von rosafarbenem Moosgummi
- Wackelaugen
- 2 kleine runde Magnete
- Klebstoff
- stumpfe Bastelschere
- Schere

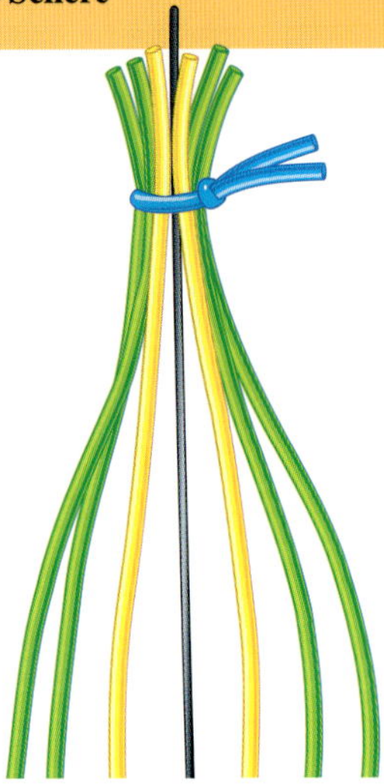

1 Binde mit einem Hilfsknoten 1 cm vom Ende entfernt die grünen und gelben Schnüre um einen 16 cm langen Blumendraht zusammen.

2 Knüpfe um den Draht herum ein gestreiftes, rechteckiges Scoubidou. Nach 2,5 cm machst du das erste Loch, nach weiteren 4,5 cm ein zweites. Knüpfe noch 1,5 cm bis zum Ende.

3 Verenge das Scoubidou, indem du 2 grüne Schnüre weglässt (s. Seite 8) und mit den restlichen 4 Schnüren um den Draht herum noch 6 cm rund weiterknüpfst.

4 Schneide den Draht bündig ab und mache ein rundes Endstück. Entferne den Hilfsknoten und schneide alle Schnüre bündig ab.

Tipp
Lies dir zuerst noch einmal die Seiten 6-8 durch.

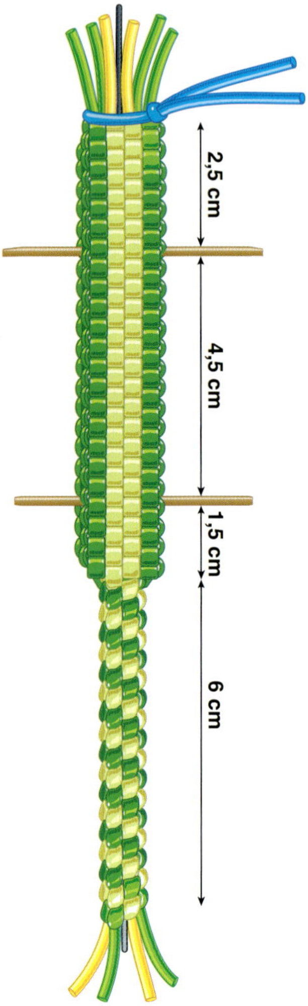

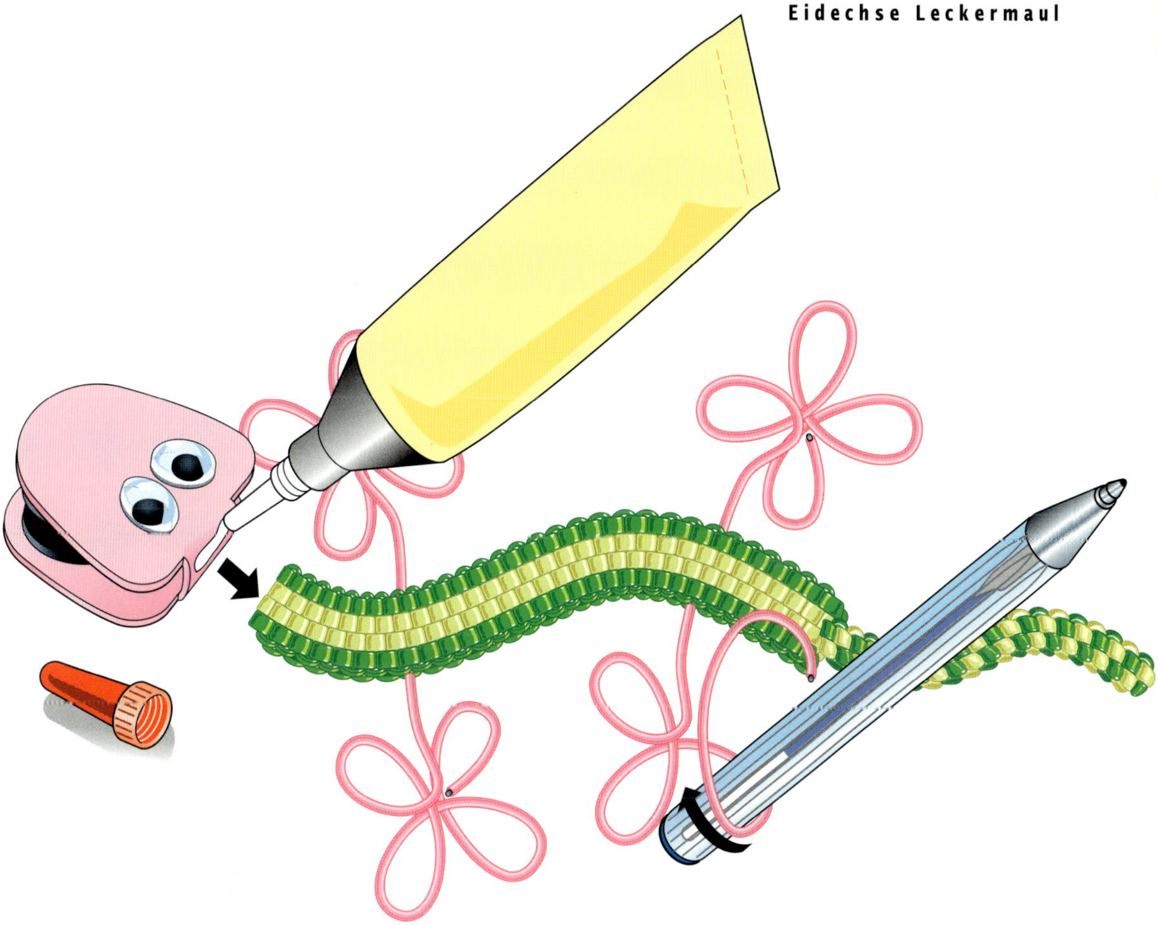

5 Verstärke 2 rosafarbene, je 43 cm lange Schnüre mit Blumendraht (s. Seite 7) und stecke sie durch die Löcher. Forme die Füße, indem du die verstärkte Schnur um einen Stift wickelst. Schneide den Überstand ab.

6 Schneide den Kopf aus Moosgummi aus (siehe unten). Klebe die Augen auf die eine und die Magnete auf die andere Seite und lasse alles trocknen. Biege den Körper in die richtige Form und klebe den Kopf an.

Füße

Wickle die Schnur in der abgebildeten Richtung zu Schlaufen.

Vorlage in Originalgröße

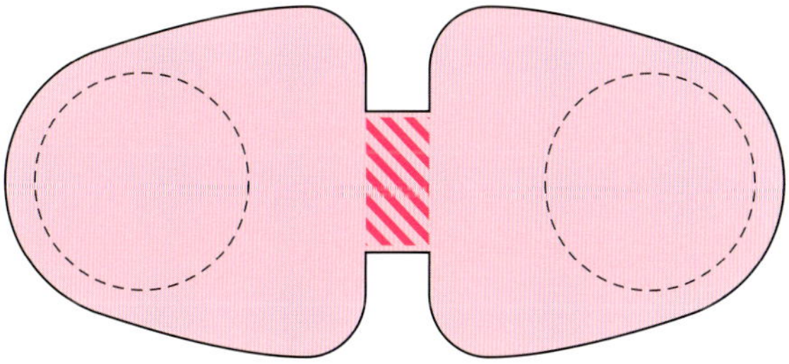

------ **Position der Magnete**

Heuschrecke und Co.

Material

- 1 Holzperle (20 mm)
- Zahnstocher
- Blumendraht
- stumpfe Bastelschere
- Klebstoff, Schere

Für die Heuschrecke:

- Körper: Schnüre, 90 cm (1 x dunkelgrün, 2 x hellgrün)
- Beine: 50 cm (hellgrün)

Für die Grille:

- Körper: Schnüre, 90 cm (1 x lila, 1 x violett), 45 cm (1 x schwarz, 1 x weiß)
- Beine: Schnur, 45 cm (schwarz)

Für die Ameise:

- Körper: Schnüre, 90 cm (2 x rot, 1 x schwarz)
- Beine: 45 cm (schwarz)

Heuschrecke

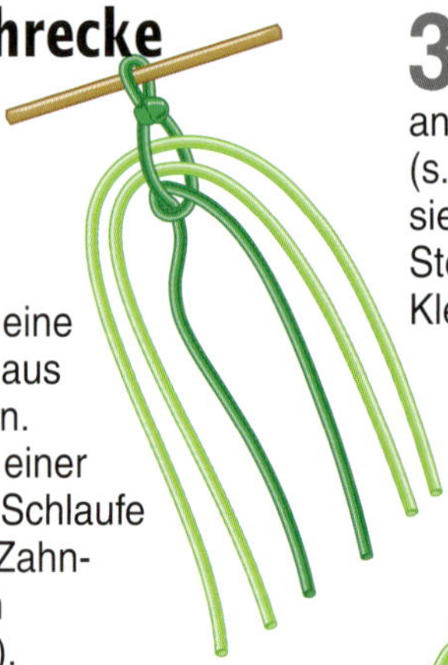

1 Knüpfe eine Spirale aus 6 Schnüren. Fange mit einer einfachen Schlaufe um einen Zahnstocher an (s. Seite 7).

2 Mit einem Zahnstocher machst du das erste Loch nach 1,5 cm und 2 weitere nach je 1 cm (s. Seite 8). Höre nach 5 cm Gesamtlänge auf.

3 Schneide 4 Schnüre ab, verstärke die beiden anderen mit Blumendraht (s. Seite 7) und schneide sie auf 12 cm Länge. Stecke sie durch die Perle. Klebe die Perle fest.

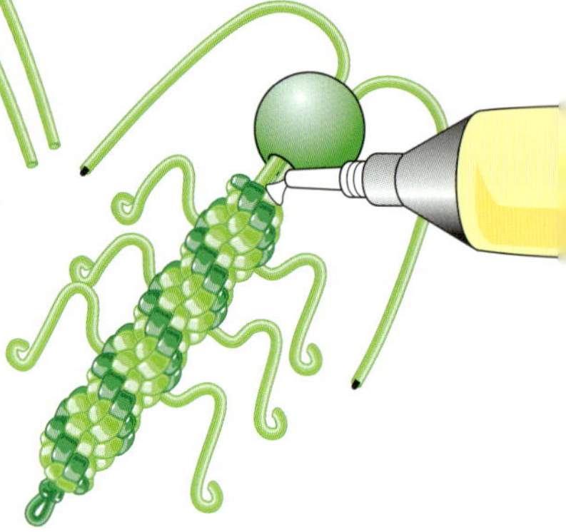

4 Für die Beine verstärkst du eine 20 cm lange Schnur und zwei 15 cm lange Schnüre mit Blumendraht. Stecke sie anstelle der Zahnstocher durch die Löcher. Biege Beine und Fühler zurecht.

Grille

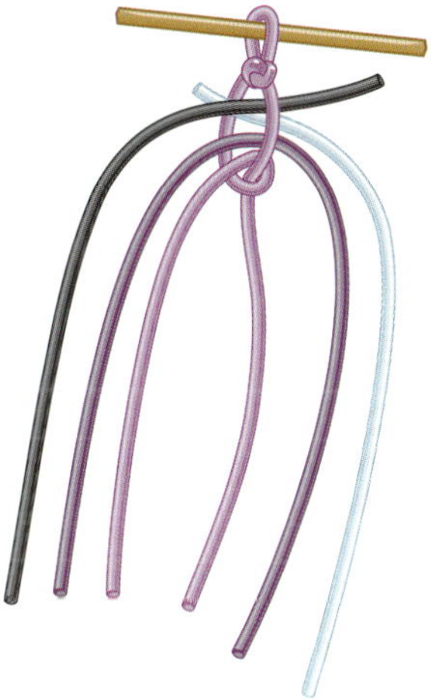

Gehe wie bei der Heuschrecke vor und ziehe die beiden 45 cm langen Schnüre durch den Anfangsknoten. Die Beine formst du aus 3 verstärkten 15 cm langen Schnüren.

Ameise

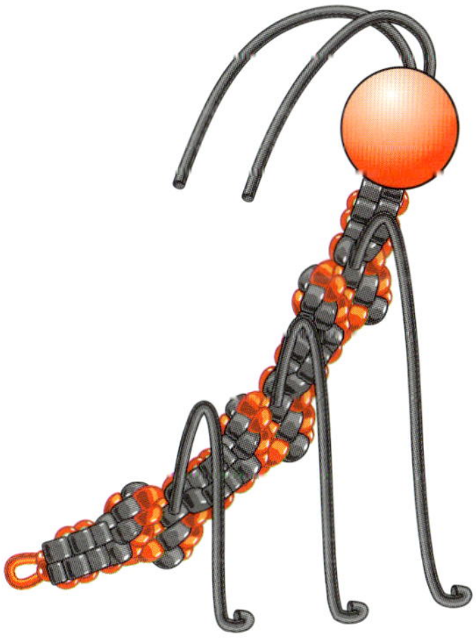

Der ganze Körpcr wird mit oinom Stück Blumendraht verstärkt, die Fertigstellung ist aber die gleiche wie bei der Heuschrecke. Flechte um den Mitteldraht herum ein 7,5 cm langes Scoubidou (s. Seite 7), indem du abwechselnd rechteckig und spiralförmig knüpfst. Verstärke für die Beine je eine 10, 15, und 20 cm lange Schnur.

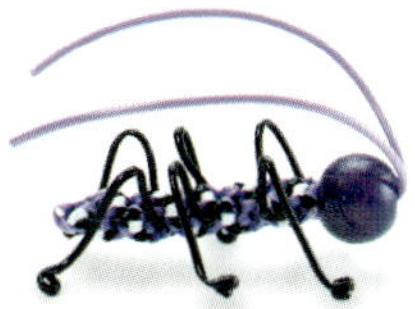

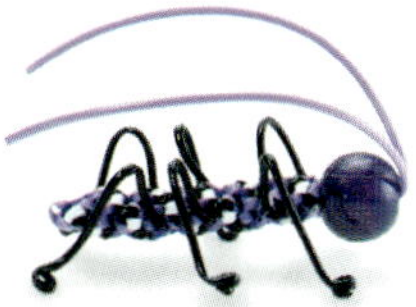

Es lebe die Natur!

Material

Für jede Libelle:
- **Plastikschnüre:**
  3 in verschiedenen Farben (90 cm),
  1 transparent (27 cm)
- **2 Perlen (15 und 20 mm)**
- **Klebstoff**
- **Blumendraht**
- **stumpfe Bastelschere**
- **Nähgarn**
- **Schere**
- **Wackelaugen**

Libelle

1 Stecke einen 38 cm langen Blumendraht durch die transparente Schnur. Biege das bedeckte Ende um.

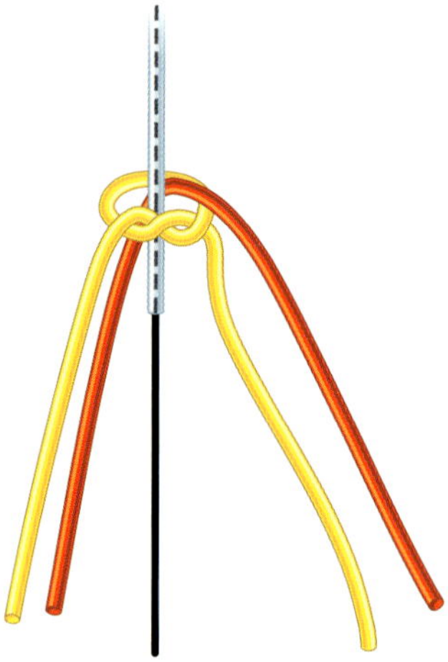

2 Knüpfe ein rundes Scoubidou aus 4 Schnüren um den mit transparenter Schnur überzogenen Draht herum, von dem du 25 cm frei lässt. Fange mit einem versteckten Knoten an.

3 Arbeite nach 4,5 cm eine kleine Perle hinein und knüpfe noch 2 Maschen.

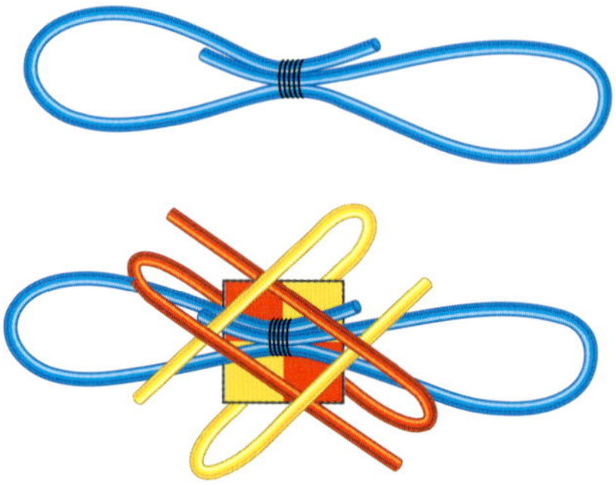

4 Die Flügel formst du aus 2 Schnüren (26 und 30 cm lang). Binde sie mit Nähgarn zusammen. Knüpfe erst die kleinen Flügel und nach einer weiteren Knüpfung die großen Flügel hinein.

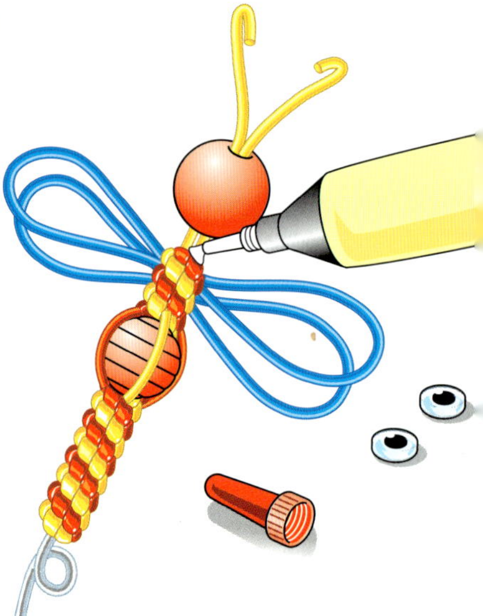

5 Schneide 2 Schnüre des Scoubidous und die überstehenden Flügelfäden ab. Verstärke die Antennen mit Blumendraht. Stecke sie durch die zweite Perle. Klebe diese fest und die Wackelaugen darauf. Drehe eine Schlaufe in den Drahtschwanz.

Es lebe die Natur!

Material

- Moosgummi (gelb und rot)
- 2 dünne, leichte Metall-stangen (je 20 cm)
- Klebstoff
- Nylonfaden
- stumpfe Bastelschere
- Schere

Für jede Biene:

- Plastikschnüre (45 cm): 1 x gelb, 1 x schwarz, 1 x weiß
- 1 Perle (15 mm)
- Nähgarn
- Blumendraht
- Wackelaugen

Bienen-Mobile

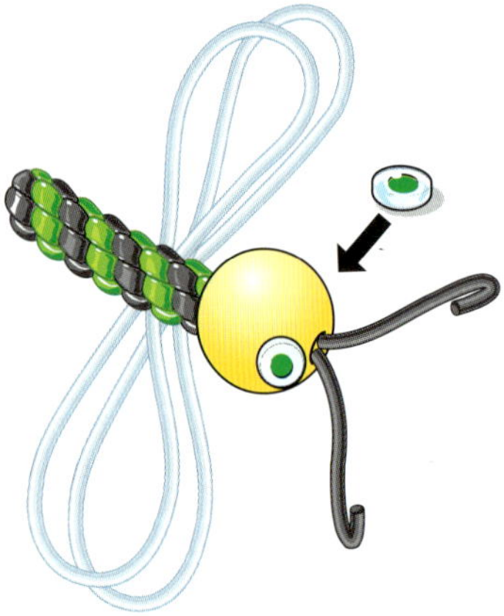

1 Knüpfe für jede Biene 1 rundes Scoubidou aus 4 Schnüren. Beginne mit einem versteckten Knoten. Fertige aus einer 18 cm und einer 20 cm langen Schnur 2 Flügelpaare und arbeite sie wie bei der Libelle ein. Der Kopf kommt zum Schluss.

2 Das Mobile: Binde 4 Bienen mit Nylonfäden an die Metallstangen. Schneide aus dem Moosgummi 4 Blumen aus und klebe je 2 von beiden Seiten an den Mittelfaden.

Weinbergschnecke

Material
- Plastikschnüre (45 cm): 4 x grün, 2 x weiß, 1 x orangefarben
- 2 Pompons (8 mm) 1 Pompon (30 mm)
- Wackelaugen
- Blumendraht
- stumpfe Bastelschere
- Schere
- Klebstoff

1 Binde die grünen und weißen Schnüre mit einem Hilfsknoten 3 cm vom Ende entfernt zusammen und knüpfe ein 6 cm langes rechteckiges Scoubidou. Verenge es um 2 grüne Fäden und knüpfe 2,5 cm quadratisch weiter. Runde das Ende ab (s. Seite 7).

2 Schneide die orangefarbene Schnur in der Mitte durch. Beginne mit einer Schlaufe und knüpfe über 2 Maschen ein rundes Scoubidou. Dann folgt eine lockere Masche (s. Seite 8) und wieder eine normale Masche. Legen die Schnüre von beiden Seiten um den Schneckenkörper, knüpfe noch 2 Maschen und schneide die Schnüre bündig ab.

3 Schneide 4 Schnüre ab und verstärke die beiden anderen mit Blumendraht. Forme sie zu Fühlern. Klebe auf jeden Fühler einen Pompon und ein Auge.

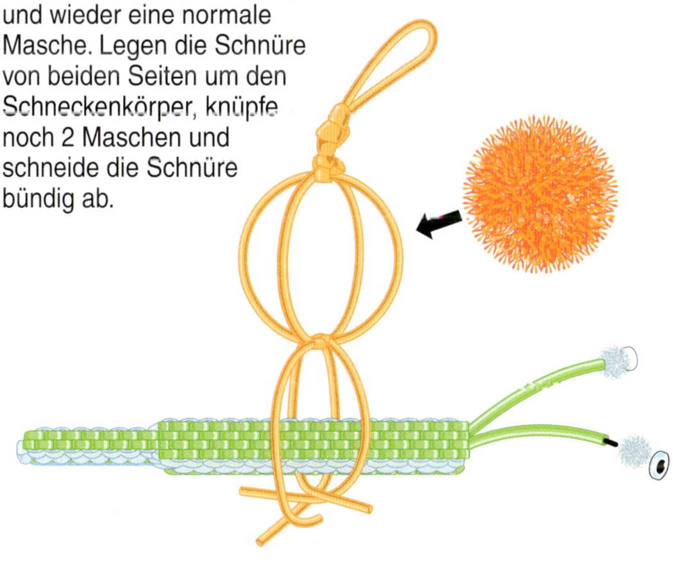

Tierische Scoubidous

Material
- Blumendraht
- Schere
- stumpfe Bastelschere
- Wackelaugen
- Klebstoff

Für die Mäuse:
- Plastikschnüre (90 cm): 4 x weiß, grau oder schwarz; 22 cm: 1 x rosa

Für die Katze:
- Plastikschnüre (45 cm): 4 x orange, 4 x schwarz
- Zahnstocher
- Holzspieß

Mäuse

Körper

Für den Schwanz verstärke eine 12 cm lange rosafarbene Schnur und binde mit einem versteckten Knoten nach 8 cm die 4 Schnüre für den Körper an. Knüpfe um den verstärkten Rest ein 1 cm langes, rundes Scoubidou.

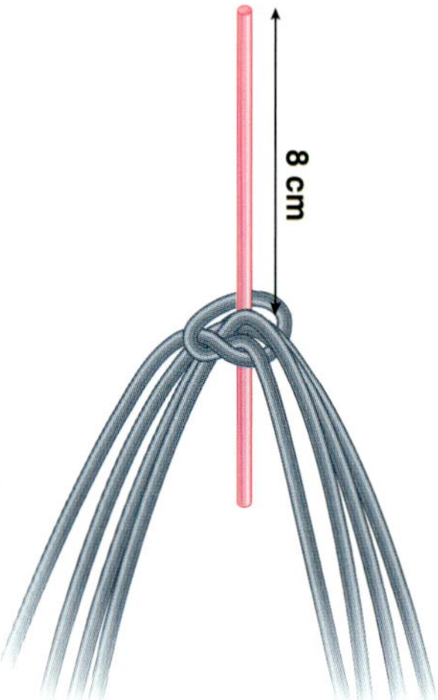

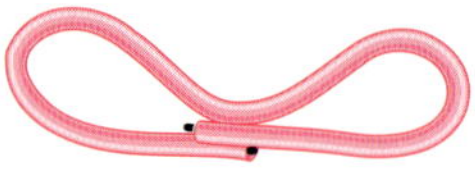

Kopf

Forme die Ohren aus einer verstärkten rosafarbenen Schnur (10 cm). Arbeite sie in die nächste Knüpfung ein: Verenge um 2 Schnüre, knüpfe als Spirale 4 Maschen weiter, verenge erneut und knüpfe mit 4 Schnüren wie bei einem runden Scoubidou. Runde das Ende ab.

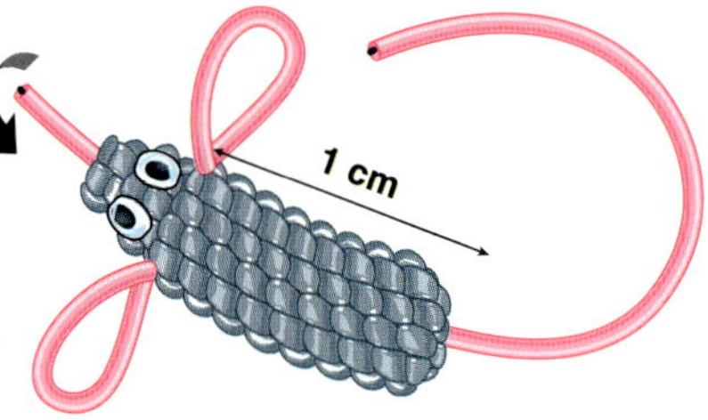

Fertigstellung

Biege die rosafarbenen Enden zu Schwanz und Schnauze und klebe die Augen auf.

Tipp
Lies dir noch einmal die Seiten 6-8 durch, bevor du die Tiere knüpfst.

Katze

Hinterbeine

Binde 1 cm vom Ende entfernt mit einem Hilfsknoten 2 orangefarbene, 2 schwarze Schnüre sowie 1 Draht zusammen (alle 10 cm lang). Knüpfe ein 2,5 cm langes rundes Scoubidou um den Draht. Wiederhole den Vorgang.

Körper

Knüpfe beide Scoubidous zusammen mit jetzt 8 Schnüren rund weiter um einen 13 cm langen Draht in der Mitte, von dem du 8 cm für den Schwanz herausragen lässt. Nach 2 cm lasse auch das andere Drahtende herausragen. Knüpfe noch 0,5 cm.

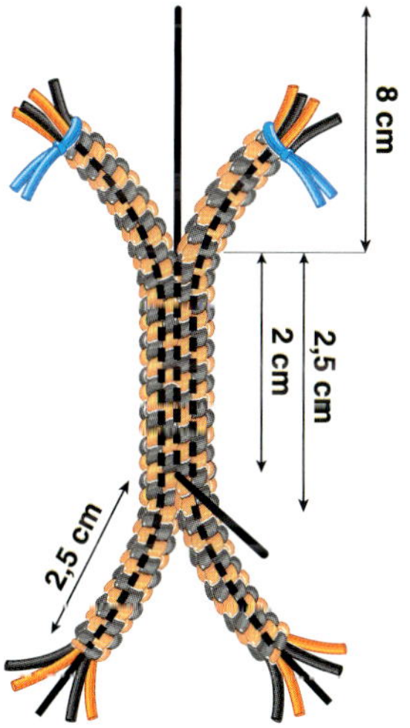

Vorderbeine

Teile die Schnüre wieder und knüpfe 2 runde, 2,5 cm lange Scoubidous. Schneide alle Schnüre ab.

Kopf

Binde 3 orangefarbene und 3 schwarze Schnüre mit einem Hilfsknoten um einen Zahnstocher in der Mitte. Ziehe ihn nach 2 Spiralknüpfungen heraus. Schneide die Anfangsstücke ab. Stecke das Scoubidou auf den Draht und knüpfe 1 cm weiter. Forme die Ohren aus 6 cm orangefarbener verstärkter Schnur und arbeite sie in die nächste Knüpfung mit ein.

Verenge das Band nach der nächsten Knüpfung um 2 Fäden. Es folgen 2 runde Knüpfungen. In die nächste Knüpfung arbeitest du für die Schnurrhaare 2 schwarze 3 cm lange Schnüre mit ein und rundest das Ende ab.

Fertigstellung

Biege die Katze in Form. Überziehe den Draht für den Schwanz mit einem Faden und wickle ihn um den Holzspieß. Klebe die Augen und auch den Kopf fest.

Tierische Scoubidous

Material
- Blumendraht
- Nähgarn
- Zahnstocher
- Schere
- stumpfe Bastelschere
- Wackelaugen
- Klebstoff

Für den Löwen:
- Plastikschnüre (45 cm): 8 x orangefarben, 1 x gelb

Für die Giraffe:
- Plastikschnüre (90 cm): 4 x orangefarben, 4 x weiß, 45 cm: 1 x schwarz

Löwe

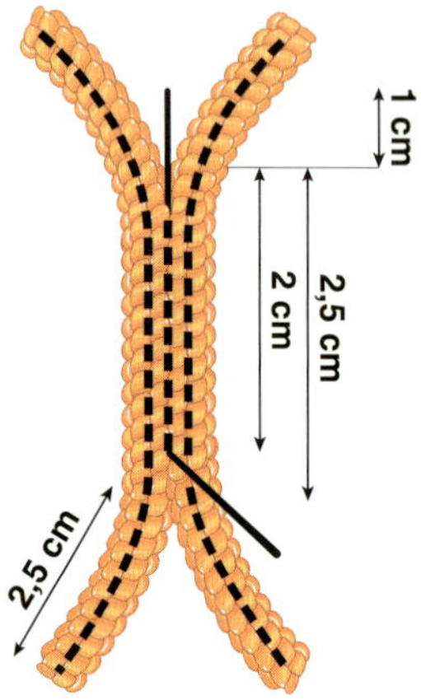

Beine und Körper
Zur Verstärkung brauchst du für die Beine zwei 10 cm lange Drähte und für den Körper einen 8 cm langen Draht. Arbeite mit den Maßen der Abbildung wie bei der Katze.

Kopf
Knüpfe mit 6 Schnüren eine 1 cm lange Spirale. Befestige sie als Kopf wie bei der Katze. Stecke für die Mähne in 2 aufeinander folgenden Knüpfungen in jede Schlaufe eine 4 cm lange gelbe Schnur. Bei der nächsten Knüpfung verenge um 2 Schnüre.

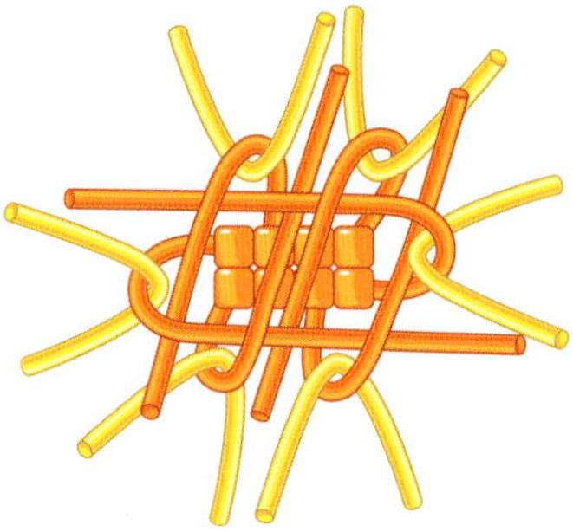

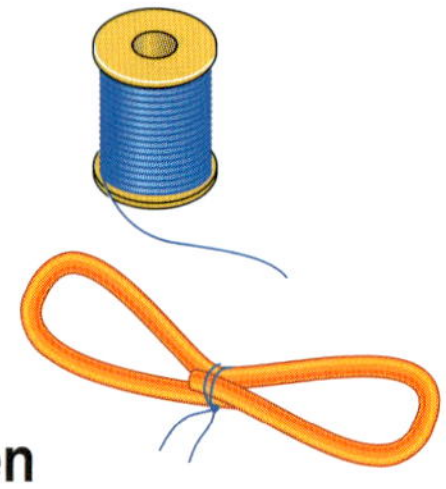

Ohren
Binde für die Ohren eine 6 cm lange Schnur mit Nähgarn zu 2 Schlaufen zusammen und arbeite sie in die nächste Knüpfung ein. Knüpfe 1 cm rund weiter und runde das Ende ab.

Fertigstellung
Biege den Löwen in Form. Zupfe die Mähne zurecht, beziehe den Schwanz mit einer Schnur und hänge einen Knoten daran. Klebe die Augen und den Kopf an.

Giraffe

Beine und Körper

Zur Verstärkung brauchst du für die Beine zwei 14 cm lange Drähte und für den Körper einen 12 cm langen Draht. Arbeite mit den Maßen der Abbildung wie bei der Katze.

Kopf

Knüpfe mit 6 Schnüren eine 4,5 cm lange Spirale. Befestige sie als Kopf wie bei der Katze. Arbeite gleichzeitig bei jeder Knüpfung für die Mähne eine 3 cm lange schwarze Schnur ein, die du jedes Mal um den Draht legst.

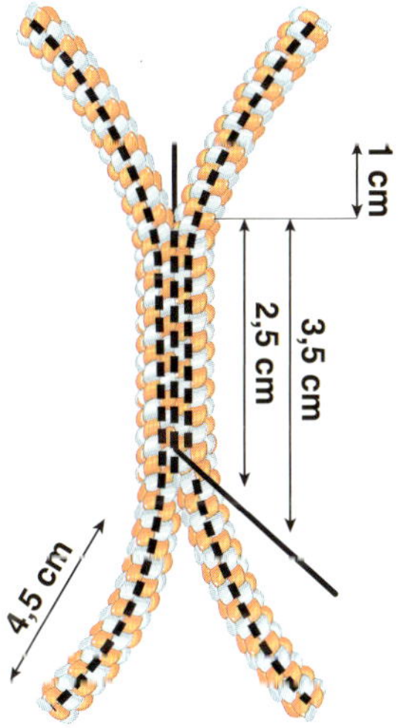

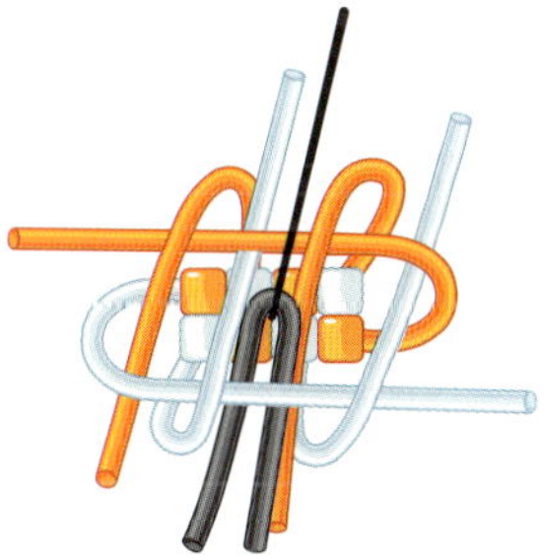

Verenge um 2 Schnüre. Verfahre mit den Ohren wie beim Löwen. Nimm dafür eine 7 cm lange Schnur. Arbeite in die nächste Knüpfung für die Hörner eine 4 cm lange verstärkte schwarze Schnur ein. Knüpfe noch 1 cm rund weiter und runde dann das Ende ab.

Fertigstellung

Wie beim Löwen.

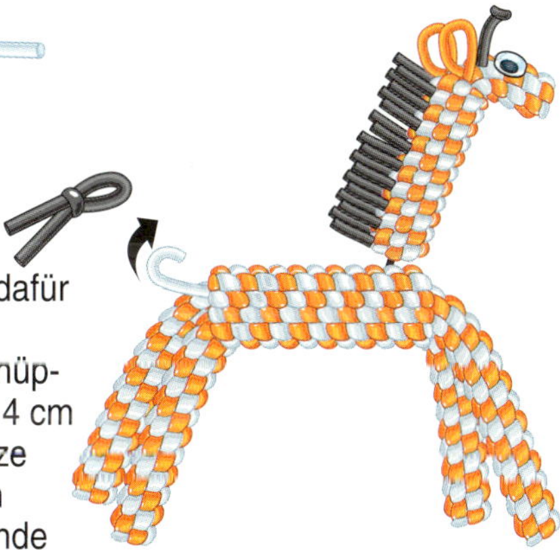

Tierische Scoubidous

Material

- Blumendraht
- Zahnstocher
- Schere
- stumpfe Bastelschere
- Wackelaugen
- Klebstoff

Für das Zebra:

- Plastikschnüre (90 cm): 4 x schwarz, 4 x weiß

Für den Elefanten:

- Plastikschnüre: 8 x grau (90 cm), 1 x weiß, 1 x rosa (45 cm)
- Holzspieß

Für die Schildkröte:

- Plastikschnüre (45 cm): 8 x neongrün, 1 x dunkelgrün, 1 x gelb
- Bleistift

Elefant

Beine und Körper

Zur Verstärkung brauchst du für die Beine zwei 12 cm lange Drähte und für den Körper einen 9 cm langen Draht. Arbeite mit den Maßen der Abbildung wie bei der Katze.

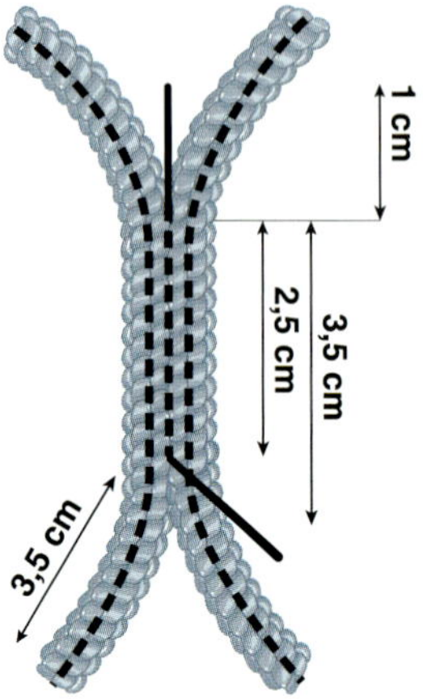

Kopf

Den Anfang bildet ein rundes Scoubidou mit 8 verstärkten Schnüren (Hilfsknoten, 7 cm langer Draht). Arbeite nach 0,5 cm mit einem Zahnstocher das erste Loch hinein und nach den nächsten 0,5 cm das zweite, aber in entgegengesetzter Richtung.
Knüpfe 1 cm weiter, verenge dann um 2 Schnüre. Knüpfe das dritte Loch parallel zum zweiten. Nach weiteren 2 Knüpfungen knüpfe mit nur 4 Schnüren 3,5 cm weiter und runde das Ende ab.

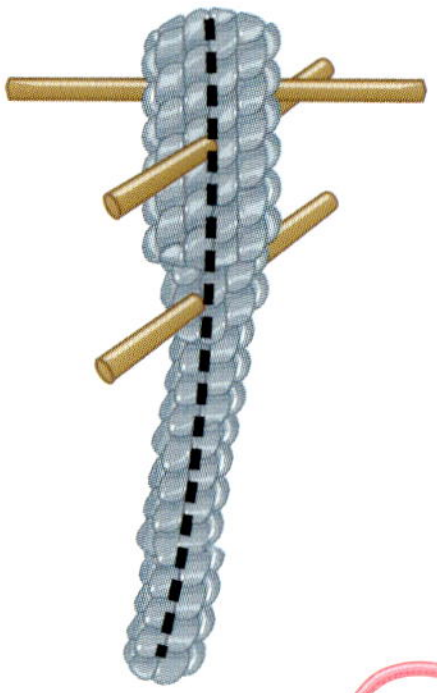

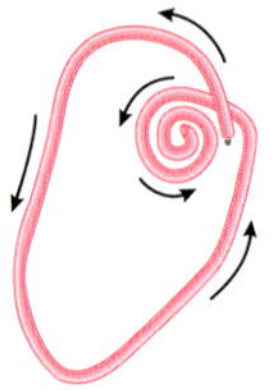

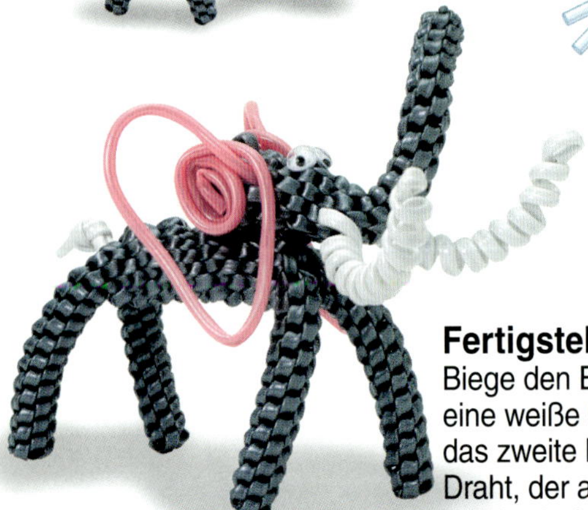

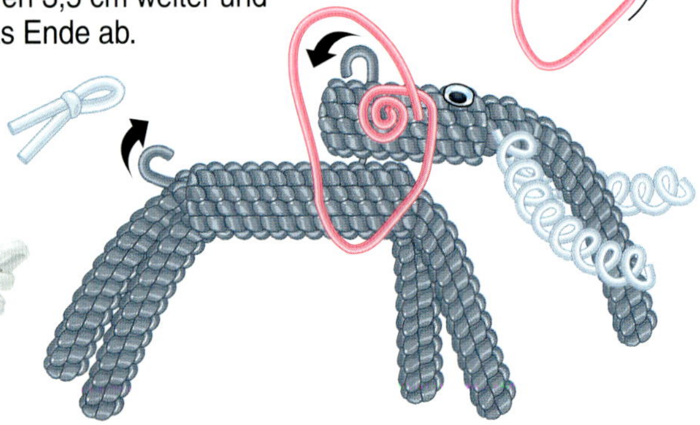

Fertigstellung

Biege den Elefanten in Form. Verstärke eine rosafarbene und eine weiße Schnur (38 und 36 cm). Stecke die rosafarbene durch das zweite Loch und die weiße durch das dritte. Beziehe den Draht, der aus dem Körper ragt. Betupfe ihn mit Klebstoff. Stecke ihn durch das erste Loch im Kopf und biege ihn nach hinten. Forme Stoßzähne, Ohren und Schwanz. Klebe die Augen auf.

Zebra

Beine und Körper

Zur Verstärkung brauchst du für die Beine zwei 10 cm lange Drähte und für den Körper einen 8 cm langen Draht. Arbeite mit den Maßen der Abbildung wie bei der Katze.

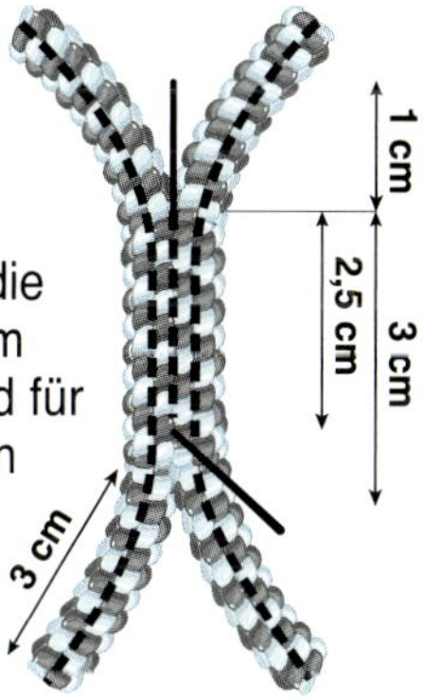

Kopf

Knüpfe mit 6 Schnüren eine 2 cm lange Spirale, befestige sie als Kopf wie bei der Katze. Gleichzeitig arbeitest du, wie bei der Giraffe, für die Mähne kurze schwarze und weiße Schnüre ein. Für die Ohren verfährst du mit einer Schnur (8 cm) wie beim Löwen. Verenge um 2 Schnüre. Knüpfe 1,5 cm rund weiter. Runde das Ende ab.

Fertigstellung

Wie beim Löwen.

Schildkröte

Beine und Körper

Knüpfe 2 runde Scoubidous (1 cm) aus je 4 verstärkten neongrünen Schnüren (Hilfsknoten, 8 cm lange Drähte zur Verstärkung). Fasse beide zusammen: Stecke einen 7 cm langen Draht in die Mitte, lasse ihn 1 cm hervorstehen und knüpfe 3,5 cm rechteckig um ihn herum. Teile ihn wieder in 2 runde Bänder. Nach 1 cm schneide alle Schnüre ab.

Kopf

Knüpfe aus 4 Schnüren ein 1 cm langes rundes Scoubidou. Befestige es wie bei der Katze, runde das Ende ab.

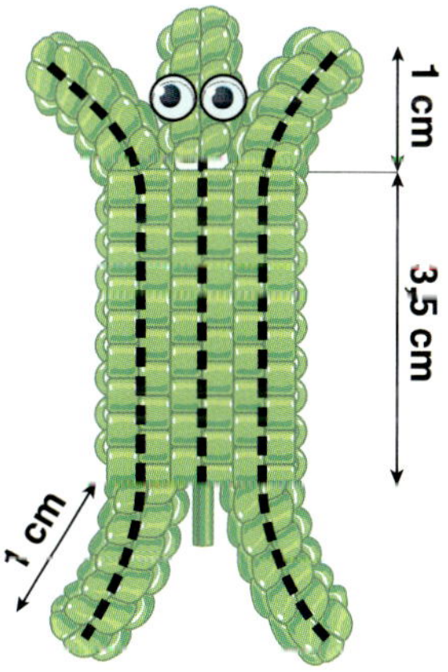

Panzer

Verstärke die letzten 2 Schnüre. Forme den Panzer von der Mitte aus, indem du die grüne Schnur für jeden Kreis 2-mal um den Stift wickelst. So wird der Panzer schön dick.

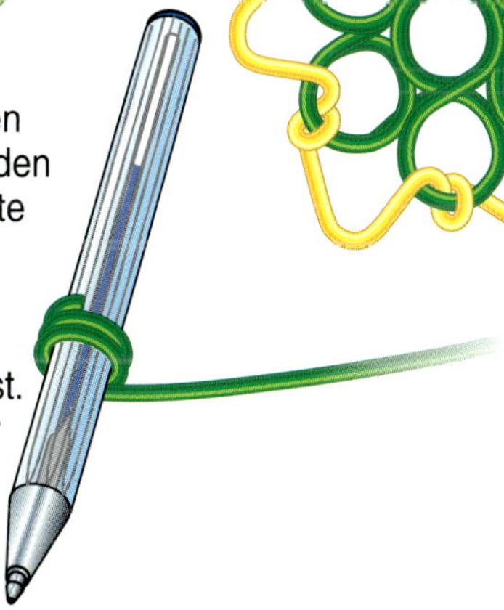

Führe die verstärkte gelbe Schnur wie abgebildet durch die äußeren Kreise des Panzers und verknote die beiden Enden. Ziehe den Panzer in die richtige Form und klebe ihn auf den Körper.

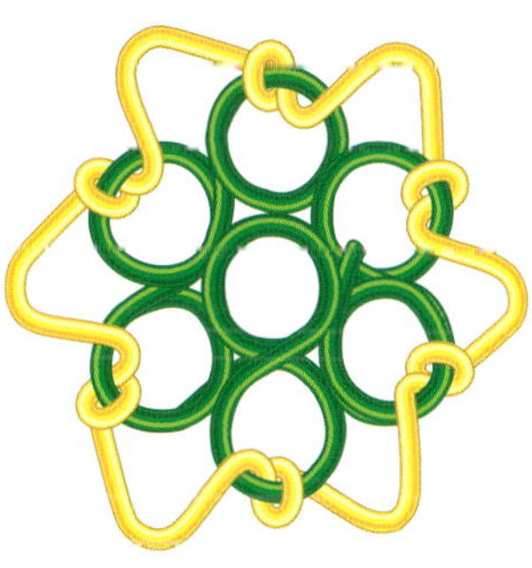

Tieranhänger

Material
- Wackelaugen
- Zahnstocher
- Moosgummi
- Blumendraht
- stumpfe Bastelschere
- Schere
- Klebstoff

Für das Schwein:
- 1 Schlüsselring mit Kette
- Plastikschnüre:
  4 x rosa (90 cm),
  1 x rosa (20 cm)
- schwarzer Filzstift

Für den Hund:
- 1 Anhänger für Eurochips für den Einkaufswagen
- Plastikschnüre (90 cm):
  3 x weiß, 2 x schwarz

Tipp
Lies dir noch einmal die Seiten 7-8 zu Knoten, Verstärkungen, Löchern und zur Fertigstellung durch.

Schlüsselschwein

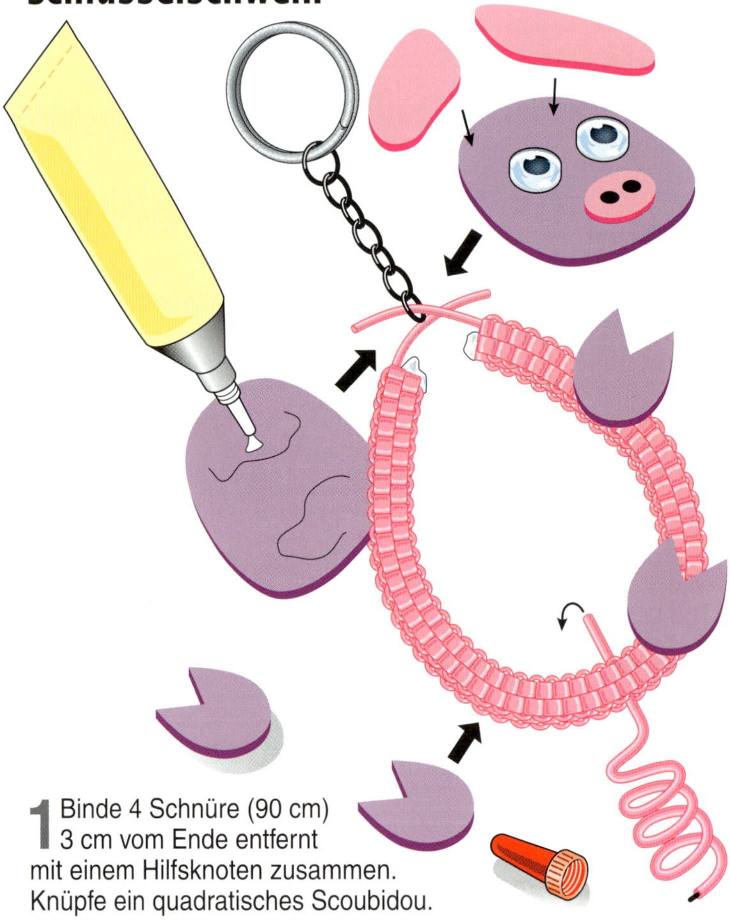

1 Binde 4 Schnüre (90 cm) 3 cm vom Ende entfernt mit einem Hilfsknoten zusammen. Knüpfe ein quadratisches Scoubidou. Arbeite nach 8,5 cm ein Loch hinein und knüpfe noch 8,5 cm weiter.

2 Schneide an beiden Enden von den 4 Fäden je 3 ab. Klebe das Scoubidou zum Ring zusammen. Lasse es trocknen. Befestige es mit den 2 Schnüren an einen Schlüsselring.

3 Verstärke die 20 cm lange Schnur, stecke sie durch das Loch und biege sie um. Wickle den Schwanz um einen Stift und forme Ringel.

4 Schneide Kopf und Füße aus Moosgummi aus (Vorlagen auf Seite 46) und klebe sie auf den Ring. Klebe die Augen ins Gesicht und male mit dem Filzstift die Nasenlöcher.

Hunde-Chiphalter

1 Binde mit einem Hilfsknoten 1 cm vom Ende entfernt 2 schwarze und 2 weiße Schnüre um einen Draht (22 cm) zusammen. Knüpfe ein 10 cm langes rundes Scoubidou, mache ein Loch und knüpfe weitere 10 cm.

2 Schneide die Schnüre an beiden Enden ab und befestige die Drahtenden am Chip-Anhänger.

3 Für den Schwanz beginnst du mit einem Hilfsknoten und fertigst mit 3 Knüpfungen ein rundes, mit einem Draht verstärktes Scoubidou an. Stecke die Schnüre von beiden Seiten durch das Loch und knüpfe 1,5 cm weiter. Schneide eine Schnur ab und knüpfe mit den 3 Schnüren noch 1 cm weiter.

4 Biege den Hund in Form und arbeite wie beim Schwein weiter.

Marsmensch und Marshund

Material
- Wackelaugen
- Blumendraht
- stumpfe Bastelschere
- Schere
- Klebstoff

Für den Marsmenschen:
- Plastikschnüre (90 cm): 1 x hellgrün, 1 x dunkelgrün; 45 cm: 1 x hellgrün, 1 x dunkelgrün
- Zahnstocher
- grünes Moosgummi
- grüne Perlen: 1 x 20 mm und 3 x 10 mm Durchmesser
- 1 flacher runder Stein

Für den Marshund:
- Plastikschnüre (90 cm): 4 x hellgrün, 4 x dunkelgrün
- grüne Perlen: 1 x 20 mm und 1 x 10 mm Durchmesser

Vorlage in Originalgröße

Marsmensch

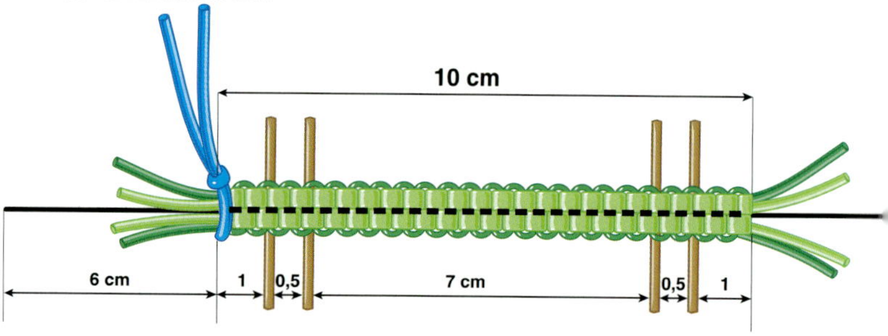

Körper
Fange mit einem versteckten Knoten an und knüpfe ein quadratisches Scoubidou (4 Schnüre) um einen 22 cm langen Draht herum, den du 6 cm herausragen lässt. Knüpfe auf 10 cm Löcher wie abgebildet (s. Seite 8). Biege das Band so, dass die Löcher übereinander liegen (s. Abbildung) und klebe die Enden zusammen. Stecke je eine 16 cm lange verstärkte Schnur durch beide Löcher und biege sie um.

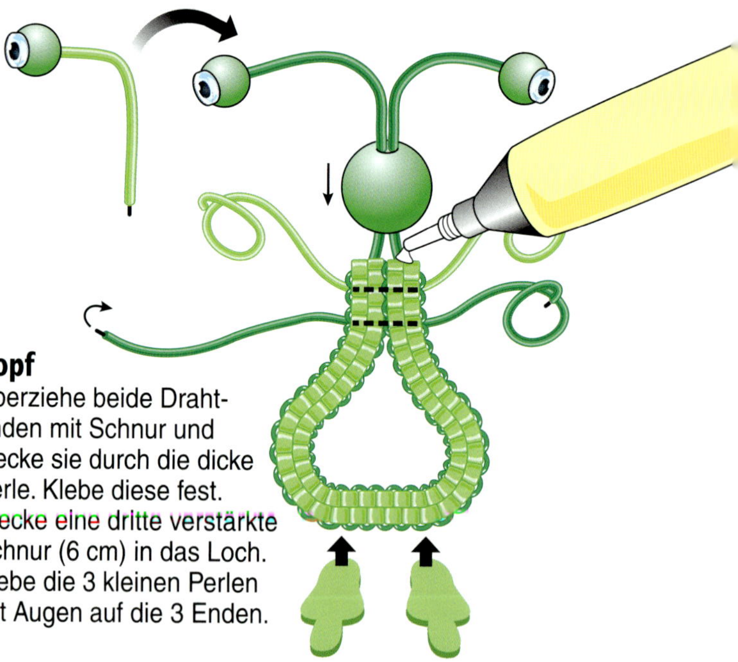

Kopf
Überziehe beide Drahtenden mit Schnur und stecke sie durch die dicke Perle. Klebe diese fest. Stecke eine dritte verstärkte Schnur (6 cm) in das Loch. Klebe die 3 kleinen Perlen mit Augen auf die 3 Enden.

Fertigstellung
Klebe die Füße aus Moosgummi an und klebe dann die ganze Figur auf einen flachen, runden Stein.

Marshund

Beine und Körper

Zur Verstärkung der Beine brauchst du zwei 12 cm lange Drähte, für den Körper in der Mitte einen 21 cm langen Draht. Arbeite beim Hund mit den Maßen der Skizze und setze ihn wie die Katze auf Seite 31 aus quadratischen Scoubidous zusammen.

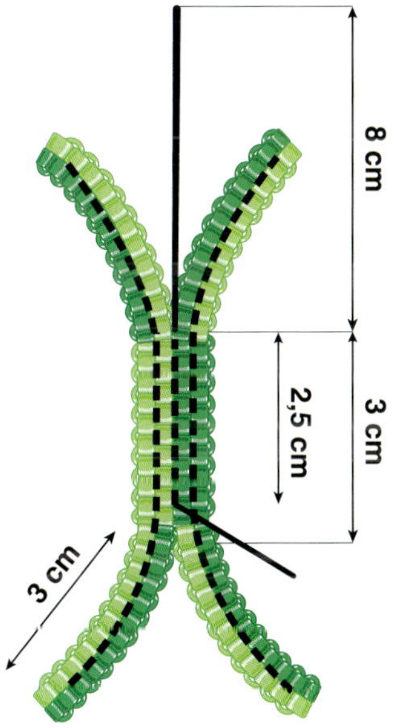

Fertigstellung

Beziehe die Enden des mittleren Drahts mit Schnur. Stecke eine große Perle auf den Draht und in die Perle 2 verstärkte Schnüre (5 und 9 cm). Klebe die Perle fest. Biege Schwanz und Ohren in Form und klebe eine kleine Perle mit einem Wackelauge zwischen die Ohren.

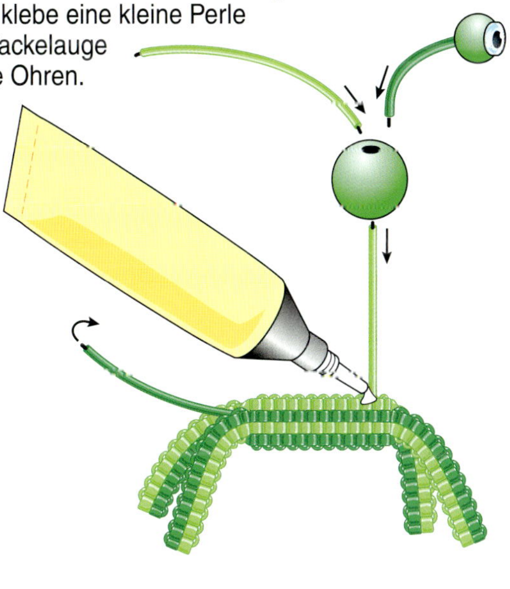

Fabeltiere

Material

- Blumendraht
- stumpfe Bastelschere
- Schere
- Wackelaugen

Für die Schlange:

- Plastikschnüre (90 cm): 4 x orange, 2 x gelb, 2 x schwarz, 2 x grau, 2 x grün
- Moosgummi: grün und rot
- 2 weiße Perlen (10 mm)
- 1 flacher, runder Stein
- 1 Glöckchen

Für den Drachen:

- Plastikschnüre (90 cm): 8 x gelb, 4 x rot, 3 x grün
- Zahnstocher
- grüne Perlen (2 x 15 mm und 2 x 20 mm Durchmesser)
- 1 Mini-Haarklammer

Schlangen-Briefbeschwerer

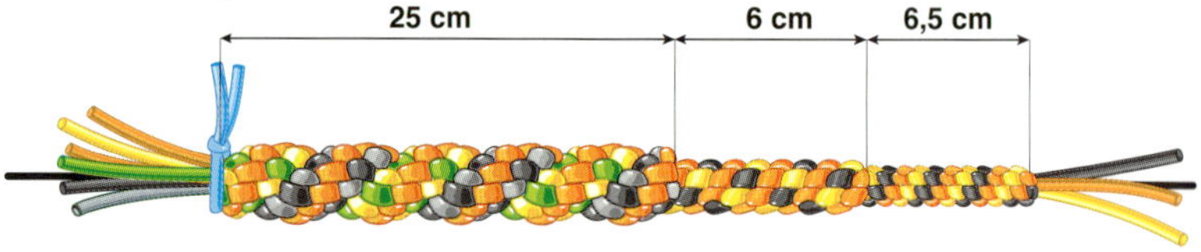

1 Binde mit einem Hilfsknoten 1,5 cm vom Ende entfernt 2 orangefarbene Schnüre und je 1 graue, schwarze, grüne und gelbe Schnur um einen 40 cm langen Draht. Knüpfe eine 25 cm lange Spirale.

2 Schneide die grüne und die graue Schnur ab und knüpfe mit 4 Schnüren weitere 6 cm ein rundes Scoubidou. Schneide die orangefarbene Schnur ab und knüpfe mit 3 Schnüren bis 1 cm vor dem Drahtende weiter.

3 Am Schwanz beziehst du den Draht und verknotest die Schnüre, bevor du sie abschneidest. Biege den Draht um und hänge das Glöckchen daran.

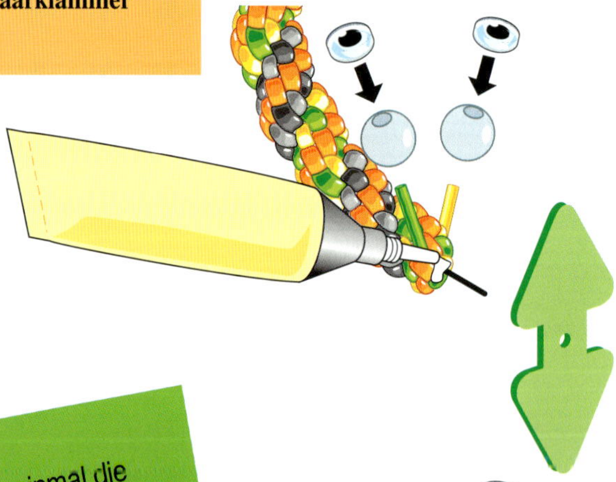

4 Am Kopfende schneidest du 4 Schnüre bündig ab und lässt 2 Schnüre 1 cm überstehen. Schneide Kopf und Maul aus Moosgummi aus (Vorlagen Seite 47). Stecke den Kopf auf den Draht und klebe ihn auf das Scoubidou. Füge Zunge und Kopfspitze hinzu. Klebe die Perlen und Wackelaugen auf.

Tipp
Lies dir noch einmal die Seiten 7-8 durch. Du kannst beim Knüpfen zu kurze Schnüre verlängern, indem du wie bei der Verbreiterung neue Schnüre einsetzt.

Fertigstellung

Biege die Schlange in die gewünschte Form und klebe sie auf den Stein.

Fabeltiere

Drache

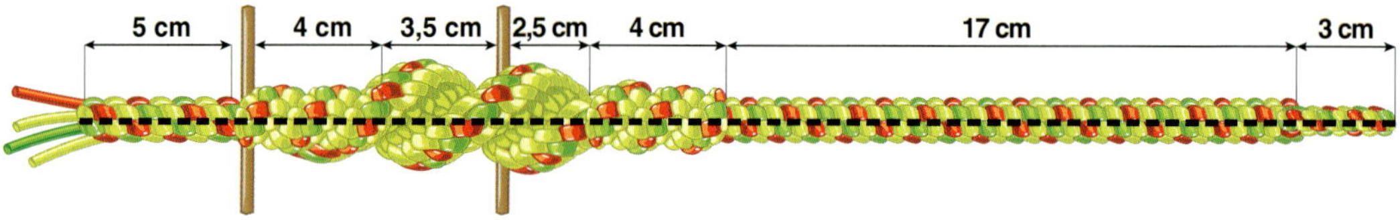

1 Binde mit einem Hilfsknoten 1 cm vom Ende entfernt 2 gelbe Schnüre, 1 rote und 1 grüne Schnur um einen 40 cm langen Draht. Knüpfe ein 5 cm langes rundes Scoubidou.

2 Verbreitere es um 2 gelbe Schnüre. Mache nach 2 spiralförmigen Knüpfungen mit einem Zahnstocher ein Loch hinein und knüpfe weitere 4 cm als Spirale. Verbreitere das Band um 4 gelbe Schnüre und knüpfe mit jetzt 10 Schnüren 3,5 cm spiralförmig weiter. Arbeite ein zweites Loch ein und knüpfe 2,5 cm spiralförmig weiter.

3 Verenge um 4 gelbe Schnüre und knüpfe spiralförmig mit 6 Schnüren 4 cm weiter. Verenge um 2 weitere gelbe Schnüre und knüpfe 17 cm rund weiter. Verenge um eine gelbe Schnur und knüpfe mit 3 Schnüren bis zum Drahtende. Verknote die Schnüre und schneide sie ab.

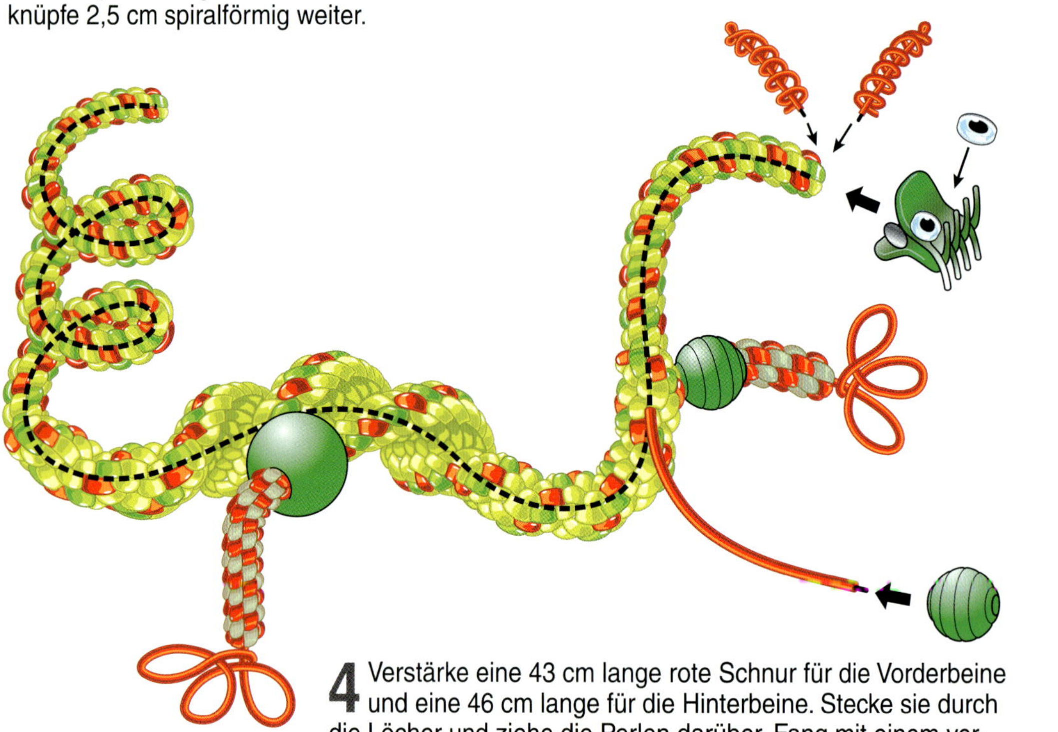

4 Verstärke eine 43 cm lange rote Schnur für die Vorderbeine und eine 46 cm lange für die Hinterbeine. Stecke sie durch die Löcher und ziehe die Perlen darüber. Fang mit einem versteckten Knoten an und knüpfe um die verstärkten Schnüre herum runde Scoubidous (4 Schnüre), vorne 1,5 cm und hinten 3 cm. Drehe Schlaufen in die Füße. Biege den Drachen in Form.

5 Schneide die Anfangsschnur und den Draht bündig ab. Klebe die Haarspange als Kopf an. Für die Hörner verstärkst du 2 rote 10 cm lange Schnüre und drehst sie zu Spiralen. Dann klebst du sie auf die Spange.

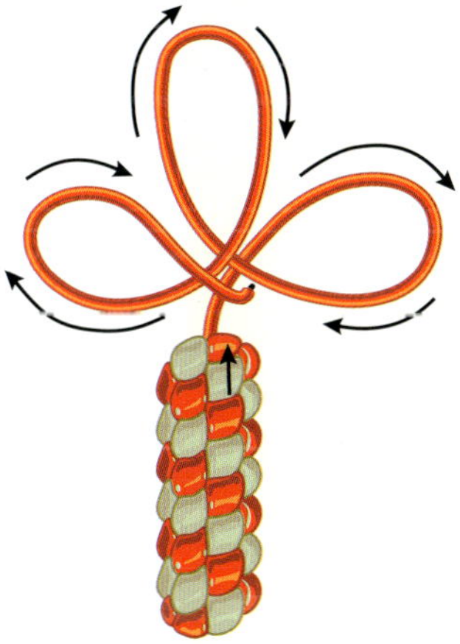

Einrollen der Füße

Einrollen der Hörner

Inhaltsverzeichnis

Vorlagen

Hunde-Chiphalter
Seite 37

Schlüsselschwein
Seite 36